# TRANSFORME-SE!

RINALDO SEIXAS

# TRANSFORME-SE!

## A FÉ PODE RENOVAR SUA VIDA

mundocristão
São Paulo

Publicado por Editora Mundo Cristão



*CIP-Brasil. Catalogação na Publicação*
*Sindicato Nacional dos Editores de Livros, RJ*

---

S465t

Seixas, Rinaldo

Transforme-se! A fé pode renovar sua vida / Rinaldo Seixas. - 1. ed. - São Paulo: Mundo Cristão, 2017.

160 p. ; 21 cm.

ISBN 978-85-433-0256-0

1. Confiança em Deus. 2. Fé. 3. Vida cristã. I. Título.

17-44698 CDD: 248.4
CDU: 27-584

---

*Categoria:* Inspiração

Publicado no Brasil com todos os direitos reservados por:
Editora Mundo Cristão
Rua Antônio Carlos Tacconi, 79, São Paulo, SP, Brasil, CEP 04810-020
Telefone: (11) 2127-4147
www.mundocristao.com.br

1ª edição: novembro de 2017

Há aqueles que nos enriquecem com apoio, incentivo, torcida e orações. Na maioria das vezes, possuem nome e sobrenome. Entretanto, não raro, o carinho e a confiança que recebemos de anônimos, quando simplesmente nos oferecem sua gratidão e um terreno em seu coração, se transformam no combustível de que precisamos para prosseguir.

Dedico esta obra a todos aqueles que, com sua audiência, seus comentários, seu retorno e seu amor, me forçaram a escrever e a ajudar muitos a meditar na Palavra, rever conceitos, reavaliar valores e repensar a vida e o relacionamento com Deus e com o próximo. Obrigado por acreditarem.

# Sumário

*Prefácio* 9
*Introdução* 11

1. Jesus ama você 13
Restauração após o sofrimento

2. Saia do poço 27
Restauração de vida

3. Acenda a chama 43
Restauração espiritual

4. Renda-se completamente 55
Restauração pela graça

5. Tão somente creia 69
Restauração da fé

6. Olhe para seu futuro glorioso 83
Restauração após a provação

7. Acredite em seu potencial 97
Restauração do amor-próprio

8. Só Deus satisfaz — 109
Restauração da satisfação no Senhor

9. Confie nas promessas — 121
Restauração da confiança em Deus

10. Arrependa-se e seja livre — 135
Restauração da paz com Deus após o perdão dos pecados

*Sobre o autor* — 153

# Prefácio

Deus sabe exatamente como nos sentimos. Além de ele ser o Criador e de nos conhecer antes de havermos sido formados no ventre materno, a Palavra se fez carne e habitou entre nós. É reconfortante saber que o Deus a quem seguimos — o único Deus, o Todo-Poderoso — nos conhece dentro das nossas limitações, inquietações, alegrias, ações e reações e deseja nos ajudar a viver, evoluir e a nos transformar ante os desafios do mundo, beneficiando-nos com sua graça e sua misericórdia.

É ao pôr essa transformação em foco que Rinaldo Seixas nos brinda com mais uma obra de valor inestimável, iluminada por Deus, a fim de dar ânimo e aumentar a fé de quem percorre, trôpego, a senda da espiritualidade cristã.

Neste livro, o leitor encontrará conhecimento e sabedoria para identificar os riscos que envolvem até mesmo os cristãos mais fervorosos. O fato de frequentar uma igreja, assumir cargos e desenvolver projetos para o reino não nos torna imunes aos conflitos externos e internos que surgem para minar a nossa fé. Até os mais notáveis homens de Deus descritos na Bíblia sofreram angústias. Eles eram meros mortais como nós. O que eles enfrentaram deixa-nos lições para que possamos enfrentar os nossos conflitos, a fim de restaurar brechas, rachaduras e feridas provenientes de alguma intempérie, e transformar dor em alegria, medo em ousadia, fracasso em vitória.

Se você é um líder, uma pessoa ativa na igreja, que desempenha várias funções, que ajuda muitas pessoas, leia este livro. Não apenas para que possa ajudar o próximo, mas porque você vai descobrir que, talvez, em algum momento da vida, vai precisar ajudar a si mesmo.

Não espere o mundo desabar para, então, procurar ajuda. Se você está passando por uma fase de frieza espiritual e vai à igreja apenas para "bater ponto" — como diz Rinaldo Seixas—, leia este livro. Se a sua vida está às avessas, se o seu coração está sufocado, se faltam forças para pedir socorro, se tudo concorre contra você, se chegou ao fundo do poço... leia!

E mais, se você conhece alguém que se desviou dos propósitos divinos, esta obra será um excelente presente, pois trata-se de um livro extremamente revigorante, que promove disposição para lidar com as diversas situações difíceis da vida espiritual. Tenho o prazer e a honra de recomendar esta obra, que se soma aos outros excelentes livros do autor, como *Unidos pelo casamento*, *Código de honra* e *Maior que a tempestade*.

Sou entusiasmado pela capacidade da Igreja Bola de Neve, fundada por Rinaldo Seixas, de alcançar pessoas e levar-lhes o evangelho a partir da quebra de antigos paradigmas. A obra realizada por essa igreja é múltipla e abençoada, e este livro é mais uma face desse ministério poliédrico. Quem quiser aprender sobre transformação pode ir a qualquer Bola de Neve e terá uma experiência singular e — creia — libertadora. Assim como terá ao ler este livro, em oração, com atenção e com o coração aberto para aprender. Com isso, você será transformado! Boa leitura!

William Douglas
Juiz federal, professor e escritor
www.williamdouglas.com.br

# Introdução

Deus transforma. Deus restaura. Deus renova. Essas realidades bíblicas inquestionáveis nos enchem de esperança e alegria. Saber que caminhamos pela vida acompanhados por um Deus tão poderoso, capaz de mudar realidades inteiras com a simples força do seu querer, nos dá a certeza de que estar na jornada com Cristo é a melhor decisão possível. Sim, servimos a um Deus que tudo pode, para quem nada é impossível e que nos ama com um amor incompreensível, arrebatador e infinito!

Precisamos carregar essas certezas na mente e no coração a cada passo da jornada. Se assim fizermos, teremos a confiança necessária para superar os obstáculos, vencer as barreiras, transpor os montes e alcançar os objetivos. Se as circunstâncias nos dizem *não*, mas Deus nos diz *sim*, podemos ter confiança inabalável no fato de que a vontade divina será feita, custe o que custar. Nada nem ninguém será capaz de impedir o agir e o mover daquele que tudo pode!

Mas, se Deus está no controle de tudo, qual é o nosso papel? Diante de situações de dor, ruína, sofrimento e perda, o que precisamos fazer? Como lidamos com circunstâncias adversas da vida e da jornada espiritual da maneira que o Senhor espera de nós? A resposta vem em duas letras que comportam um universo de infinitas possibilidades: *fé*! O que Deus espera de nós é que tenhamos fé! Fé inegociável, inabalável, sólida, madura! Precisamos crer e depositar nele confiança sem medida.

Não importa o que em nossa vida precisa de transformação, Deus é capaz de promover as maiores restaurações. Ele nos restaura após o sofrimento, recompõe vidas destruídas, reacende chamas espirituais apagadas, estende-nos graça, reconfigura o futuro, aviva nosso amor-próprio, coloca-nos de pé após quedas terríveis e nos faz confiar e nos satisfazer nele. Que Deus maravilhoso!

Quero convidar você a me acompanhar pelas próximas páginas numa viagem pelo sobrenatural de Deus. Neste livro, você verá que Deus tem prazer de trafegar nas dimensões do impossível, a fim de demonstrar amor por seus filhos e de glorificar o seu nome. Meu desejo é que, ao final da leitura, você perceba sem sombra de dúvida que, não importa qual área de sua vida precisa de intervenção, Deus é capaz de restaurar, transformar, operar milagres e fazer tudo novo!

Você precisa renovar algo em sua vida? Saiba que é possível. Deus tem o poder de mudar tudo. Tudo! Mas, para isso, ele quer que você dê um passo à frente, levante bem alto a bandeira da fé e, com isso, caminhe em novas alturas, a fim de testemunhar seu poder, sua glória e sua majestade. Meu desejo é que a leitura deste livro o ajude a vislumbrar com total clareza o que Deus é capaz de fazer se tão somente você puser sua fé em ação. É difícil? Pode ser. Mas... será impossível? Jamais! Porque para Deus não há impossíveis!

Portanto, transforme a sua visão do que Deus é capaz de fazer em você e por você e, ao pôr sua fé em ação, creia que ele transformará completamente todas as áreas de sua vida que precisam de restauração. Transforme-se! E Deus renovará, restaurará e o conduzirá a novas alturas!

# 1

## Jesus ama você

### Restauração após o sofrimento

Os profetas messiânicos do Antigo Testamento anunciaram em detalhes diversas características do Messias que viria. Deus foi traçando o perfil de seu Ungido, o libertador tão aguardado, aos poucos, profecia após profecia, como quem deixa pistas para que um tesouro precioso possa ser identificado e encontrado. Ao analisar informações tão detalhadas como as que foram fornecidas pelas profecias messiânicas, qualquer estudioso das Escrituras não teria dúvidas sobre o fato de que Jesus se encaixa perfeitamente em tudo o que foi predito acerca do tão esperado Messias.

As profecias cumpriam a função de um mapa, que indicava, detalhe a detalhe, como encontrar o tesouro. Assim, em Gênesis 3.15, descobrimos que o Messias esmagaria a cabeça da serpente. Em Salmos 22.15-19, vemos a descrição da crucificação, mil anos antes de Jesus nascer. Em Miquéias 5.2, fica claro que o Ungido prometido nasceria na cidade de Belém. Em Isaías 7.14, tomamos conhecimento de que ele seria gerado no ventre de uma virgem. Em Zacarias 12.10, sabemos que o corpo do Messias seria perfurado. Em Isaías 53, descobrimos que ele não advogaria em causa própria no meio de seu suplício e que seu corpo seria depositado no sepulcro de um rico. Essas são algumas das mais de trezentas profecias acerca de Jesus registradas no Antigo Testamento.

Profecias cumpridas são uma forte evidência de que Deus é o autor da Bíblia, porque, quando você analisa a probabilidade matemática de uma profecia ser totalmente cumprida, rapidamente enxerga o projeto divino, seu propósito e sua mão guiando os fatos por trás da Bíblia. Certo matemático calculou a probabilidade de apenas uma dessas profecias se cumprir em Jesus, e o resultado equivale a cobrir de palha o território do estado do Texas, nos Estados Unidos, até um metro de altura e tentar encontrar um clipe ali.

Se somente uma profecia houvesse falhado, então saberíamos que Deus não é verdadeiramente Deus, porque o Criador de todas as coisas — inclusive do tempo — não poderia errar ao predizer o futuro. Como Deus mesmo estabeleceu: "Se o profeta falar em nome do SENHOR, mas suas previsões não acontecerem nem se cumprirem, vocês saberão que a mensagem dele não vem do SENHOR. Esse profeta presumiu arrogantemente que falava em meu nome, e vocês não precisam temê-lo" (Dt 18.22).

Assim, como todas as profecias a respeito do Messias se cumpriram na pessoa de Jesus, fica claro que eram verdadeiras. Entre elas, esta profecia de Isaías:

> Vejam meu servo, que eu fortaleço; ele é meu escolhido, que me dá alegria.
>
> Pus sobre ele meu Espírito; ele trará justiça às nações.
>
> Não gritará, nem levantará a voz em público.
>
> Não esmagará a cana quebrada, nem apagará a chama que já está fraca; fará justiça a todos os injustiçados.
>
> Não vacilará nem desanimará, enquanto não fizer a justiça prevalecer em toda a terra.
>
> Isaías 42.1-4

Essa profecia deixa claro que a missão de Jesus não considerava uma mobilização política das massas, uma insurreição contra o governo vigente ou uma agitada revolução social provocada por revolta e rebelião. Também fica claro que ele seria juiz e viria para estabelecer a justiça, mas, até o dia do julgamento, seu papel seria salvar. Jesus queria que toda a humanidade, incluindo as gerações futuras, soubesse que ele veio ao mundo não como juiz, mas como Salvador. O apóstolo João registrou: "Deus enviou seu Filho ao mundo não para condenar o mundo, mas para salvá-lo por meio dele" (Jo 3.17).

Mas essa profecia também transmite uma importante mensagem aos cristãos de nossos dias, com base em dois elementos principais: a cana quebrada e a chama que já está fraca.

## A cana quebrada

A cana era uma espécie de bambu que, ao se retirar-lhe o miolo, servia como flauta. No manuseio, por ser frágil, ela poderia se quebrar. Se isso ocorresse, ela era esmagada e lançada fora. Há várias espécies de canas na Terra Santa. Uma, bem específica, é bastante fina, semelhante à "cana de boi" do Brasil, e cresce em abundância às margens dos rios de Israel.

Era costume as crianças ficarem às margens do rio e retirarem o miolo dessas canas, para fazer pequenas flautas. A tarefa era difícil e delicada, pois, com um pequeno descuido, a cana poderia ser facilmente esmagada na mão infantil. Uma vez esmagada, ela estaria estragada e não teria mais nenhuma inutilidade. As crianças, então, ao ver a cana danificada, a quebravam de novo e a descartavam de vez, lançando-a no rio.

Essa foi a imagem que Deus escolheu usar para se referir, profeticamente, ao caráter de Cristo. O evangelho de Mateus incorpora essa profecia, quando o texto diz:

> Jesus, sabendo o que planejavam, retirou-se daquela região. Muitos o seguiram, e ele curou todos os enfermos que havia entre eles. Contudo, advertiu-lhes que não revelassem quem ele era. Cumpriu-se, assim, a profecia de Isaías a seu respeito:
>
> "Vejam meu Servo, aquele que escolhi. Ele é meu Amado; nele tenho grande alegria.
>
> Porei sobre ele meu Espírito, e ele proclamará justiça às nações.
>
> Não lutará nem gritará, nem levantará a voz em público.
>
> Não esmagará a cana quebrada, nem apagará a chama que já está fraca.
>
> Por fim, ele fará que a justiça seja vitoriosa.
>
> E seu nome será a esperança de todo o mundo".
>
> Mateus 12.15-21

O que essa profecia revelava é que Jesus nunca descartaria pessoas, nunca jogaria fora aqueles que fossem esmagados pelas dificuldades da vida. A palavra "quebrada" tem muitas definições, mas, nesse contexto, significa "machucada", "moída", "triturada por mágoas", "amassada devido a expectativas não realizadas". Em outras palavras, é uma referência direta a pessoas que enfrentam processos de sofrimento e dor. Muita gente sente-se como uma cana quebrada.

*O que essa profecia revelava é que Jesus nunca descartaria pessoas, nunca jogaria fora aqueles que fossem esmagados pelas dificuldades da vida.*

Enquanto você vive em estabilidade e paz, olha para canas quebradas com certo grau de julgamento, pois se pergunta "Como pode? Por que essa pessoa está desistindo? Como ela é fraca! Por que não ora, não busca a Deus, não reage?". Mas, se um dia é você quem acaba quebrado, deprimido, esmagado, juntando os cacos para tentar reconstruir o vaso, a coisa muda de figura. Como uma cana quebrada, você perde a convicção, a visão, o senso de missão e de propósito. O que o deixava feliz torna-se enfadonho.

Nessa hora, o sentimento de indiferença é gritante; você mesmo não se reconhece, parece que há algo morto dentro de você. Seu olhar, antes puro e cheio e de amor, agora é cínico e desconfiado, crítico, incrédulo. Seu coração, antes quebrantado e contrito, agora é uma pedra. Não há mais um fluir, viver tornou-se um esforço. Sua atitude positiva e cheia de fé foi substituída por pessimismo e amargura. Você fora um exemplo de comprometimento, seriedade, e paixão por vidas e por Deus, mas, então, tornou-se motivo de escândalo. Será que a criança espiritual que você foi no passado se orgulharia do que está vivendo agora?

A cana em pé, ereta, parece forte, mas é muito frágil. Ela quebra-se com facilidade quando manuseada, quando atingida por fortes ventos numa tempestade e quando pisoteada por animais. Mas, em Cristo, somos fortalecidos e aprendemos sobre autoconfiança, autovalor e autoestima. Chegamos a nos sentir inabaláveis. Mas o tempo e os golpes desferidos pela vida testam nossas estruturas.

É incrível e assustador quando descobrimos que somos vulneráveis, mais frágeis do que gostaríamos. Se alguém nos pisa, ou se os ventos sopram mais forte, encurvamos e quebramos. Com isso, alianças viram pó, ministérios implodem, certezas derretem, histórias de anos e anos viram lixo.

Toda semana, cristãos sinceros e consagrados vão à igreja para elevar a voz e as mãos em adoração ao Senhor. No entanto, muitas dessas pessoas foram profundamente quebradas, feridas, machucadas, moídas, descartadas e estão à beira de uma ruptura. Elas estão se preparando para ser flautas, mas, de repente, são pisadas e se tornam canas quebradas. Muitas vezes, a religiosidade faz o papel do boi que quebra, que machuca a cana com seu autoritarismo, sua falta de amor, sua rigidez, seu legalismo.

Quando Jesus veio ao mundo, Israel vivia sob o opressivo governo de Roma. Os judeus suportavam terríveis cargas de impostos. Enquanto isso, sacerdotes vorazes se aproveitavam financeiramente das viúvas e dos órfãos. Os humildes eram oprimidos, zombados e ridicularizados, e o povo ficava cego pela corrupção. É por isso tudo que muitos profetas disseram que Cristo viria em uma hora de escuridão, trazendo grande luz.

Jesus veio a uma sociedade dominada pela hipocrisia e pelo pecado desenfreado. Percebendo a situação de Israel, Jesus chorou sobre Jerusalém, profetizando que a nação seria assolada. Ainda assim, ele deu a essa sociedade mais quarenta anos de pregação do evangelho, antes da destruição de Jerusalém por Tito e da dispersão do povo israelita.

Aqueles foram anos de milagres, pregação das boas-novas, esperança e arrependimento. Os seguidores de Cristo mostravam a quem tivesse ouvidos um Jesus de braços abertos, pronto para salvar, o único Caminho para o reino de Deus. Jesus simplesmente não esmagaria a cana quebrada na qual Israel se tornara. E, se pensarmos bem, fica claro que esse também é o retrato da nossa nação hoje: uma sociedade totalmente quebrada em sua moralidade e mergulhada em corrupção, cujas crianças estão sendo "quebradas" por famílias desestruturadas ou desfeitas por abuso e assédio. As pessoas são "quebradas" por imoralidade, materialismo e vícios. Boa parte da sociedade está "quebrada", destroçada diante de tentações, provações, desilusões e decepções.

*Boa parte da sociedade está "quebrada", destroçada diante de tentações, provações, desilusões e decepções.*

Um exemplo bíblico de alguém que sofreu profundamente e sentia-se como uma cana quebrada é o do profeta Elias, que chegou a um ponto de ruptura integral. Ele conhecia Deus e havia ouvido a sua voz como poucos até então. Suas orações abriam e fechavam os céus. Elias possuía tanta autoridade espiritual que destemidamente confrontou e venceu centenas de sacerdotes adoradores de Baal e de outros ídolos. Ele era tão cheio do Espírito Santo que foi mais rápido do que uma carruagem por cerca de trinta quilômetros.

Porém, após todas essas façanhas, Elias foi informado de que a rainha Jezabel o perseguia para matá-lo. O resultado é que o medo recaiu sobre o poderoso profeta e, na próxima vez que o vemos no relato bíblico, ele está sentado, exausto e quebrado, sob um arbusto de zimbro, afundado e sem coragem. O poderoso profeta de Deus havia sido destroçado mental e fisicamente. Elias deve ter pensado: "Por que isso está acontecendo comigo? Por todos esses anos, a mão de Deus esteve sobre mim, e o vi operar milagre após milagre. Mas agora estou nesta situação desesperadora, sendo provado além da minha capacidade humana".

O mesmo homem que, no passado, se levantava contra os poderes do inferno e invocava o fogo de Deus, agora chorava em angústia, clamando a Deus que tirasse a sua vida. É como se Elias explodisse, gritando: "Deus, eu não aguento mais!". Muitas pessoas em nossos dias estão exatamente nesse ponto, dizendo: "Eu não aguento mais, isso está além das minhas forças". Será o seu caso?

Você escreveu uma história de fidelidade, construiu em sua vida um altar de adoração e oração, conhece a voz de Deus, teve vitórias no passado, deu muitos testemunhos, ama a Deus profundamente, mas... está quebrado. Ferido. Sofrido. Não consegue nem sequer orar. Uma provação caiu sobre você sem nenhum motivo aparente e, agora, sua alma está abatida como nunca. Da mesma forma que Elias, você se curvou sob uma árvore de zimbro; está inerte e em sofrimento, agarrando-se a um fio de fé.

Um fato sobre a nossa vida com Deus é que estamos em combate contra as trevas. Isso sigrnifica que teremos de enfrentar batalhas, desgastes, ferimentos e um inimigo feroz disposto a nos destruir. Quando você está deprimido e desapontado, como Elias estava, fica abatido, apático, e isso o torna mais vulnerável a pensamentos de desistência e retrocesso. Como Elias, ficamos tão cansados e sem coragem que tudo o que queremos é dormir. As Escrituras dizem que foi exatamente o que esse piedoso homem fez: ele deitou-se e dormiu.

Elias simplesmente não aguentava mais levar aquela carga de sofrimento. Mas o Senhor não o repreendeu por isso. Deus sabia que seu servo tinha chegado ao ponto de desistência. O que aconteceu? O anjo do Senhor tocou nele e lhe disse que se levantasse e comesse, porque seu caminho ainda seria muito longo. Não importa quanto você está quebrado, quanto se dobrou diante das provações: Deus lhe fez a promessa de que você não seria esmagado. Se você está se sentindo nessa situação, clame a Deus e tenha a certeza: ele o restaurará.

## A chama que já está fraca

Nos tempos bíblicos, a iluminação era feita principalmente por meio de lamparinas. Enquanto havia óleo suficiente nelas, havia luz. À medida que o combustível ia acabando, o pavio da lamparina começava a fumegar, produzindo apenas uma fumaça preta e malcheirosa, além de uma chama muito fraca. Era comum, então, alguém apagar aquela chama que mal produzia luz.

A função do pavio acesso era manter a lâmpada acessa. Se o pavio se apagasse, a lâmpada não poderia mais iluminar. A ponta do pavio passava por um processo de cauterização e dificilmente poderia ser acesa novamente. Assim acontece com a pessoa que deixa a chama se apagar em sua vida em decorrência do sofrimento.

Em uma lamparina, a chama fraca é sinal de falta de óleo. Se observarmos atentamente, veremos que, mesmo quando o combustível acaba no corpo da lamparina, o pavio continua aceso por mais algum tempo. Isso significa que há uma chance de o óleo ter acabado e você estar vivendo do que restou da unção do passado. Mas chega uma hora em que o pavio se apaga totalmente e o que fica é só fumaça. É isso que não podemos permitir que ocorra.

*Há uma chance de o óleo ter acabado e você estar vivendo do que restou da unção do passado. Mas chega uma hora em que o pavio se apaga totalmente e o que fica é só fumaça. É isso que não podemos permitir que ocorra.*

Paulo é um modelo de chama que não se apagou, apesar de ter enfraquecido muitas vezes. O apóstolo deu provas de resiliência, perseverança e ânimo. Ele aprendeu com Deus que o poder divino se aperfeiçoa na fraqueza humana (2Co 12.9) e que é por meio de muitas tribulações que entramos no reino de Deus (At 14.22). Paulo suportou tribulações e perseguições com alegria e sem oscilar na fé, mas, depois de três viagens missionárias, com direito a apedrejamentos, açoites, escárnio, afrontas, naufrágio e prisões, ele chegou a Jerusalém e viu que seu próprio povo estava pedindo sua morte. Paulo pediu para dar seu testemunho, mas, ao final, aqueles homens rasgaram suas vestes e disseram que ele não era digno de viver.

Paulo, então, foi preso. Nesse momento, o Senhor apareceu-lhe e fortaleceu seu ânimo (At 23.11). É como se estivesse dizendo: “Tenha bom ânimo, Paulo, sua lâmpada não vai se apagar, você ainda precisa incendiar a cidade de Roma com a pregação das minhas boas-novas”. Com isso, Deus reacendeu a chama de Paulo. Aquela visitação foi suficiente para ele se posicionar e continuar sua missão, com ânimo redobrado.

## Jesus não vê como o homem

É abismal a diferença entre o olhar de Jesus e o dos homens. O olhar humano é resultado de sua natureza, contaminada pelo pecado. Por isso, temos o hábito de colocar sob os holofotes as fraquezas e os defeitos, explorando o lado mesquinho e hipócrita das pessoas. Jesus Cristo, a expressão viva do amor de Deus, não segue esse padrão, como deixou claro em sua interação com diferentes pessoas.

Quando Jesus viu Simão Pedro pela primeira vez, não criticou suas fraquezas nem profetizou que ele o negaria, embora soubesse de tudo isso. É assim que ele faz conosco. Ao nos aproximarmos dele, Jesus não aponta o dedo para nossas fraquezas. Ele não quer que murchemos e desanimemos. O olhar de Jesus procura por aquilo que há de bom em nosso interior, ainda que seja uma partícula boa em um milhão de defeitos.

O mesmo ocorreu quando Jesus viu o baixinho Zaqueu no alto da figueira. O Senhor não zombou dele perante a multidão. Ele poderia ter dito: "Eis aí o chefe dos coletores de impostos mais corrupto de Jericó!". Não, ele não fez isso, pois Jesus o olhava com amor. Foi por essa razão que chamou Zaqueu e decidiu ir jantar em sua casa. Apenas um olhar e algumas palavras foram suficientes para produzir a mudança inesperada na vida do chefe dos publicanos de Jericó. Quando olha para nós, Jesus vê um convertido sincero, enquanto todos enxergam um fiscal corrupto sem possibilidades de recuperação. Enquanto há óleo, mesmo que a chama esteja fraquíssima, Jesus vê potencial de mudança de vida.

Também foi assim quando ele viu um homem deficiente junto ao tanque de Bestesda. Ele não viu um aleijado, mas um homem que, depois de 38 anos doente, ainda tinha esperança de ser curado. Todos viam um deficiente, mas Cristo enxergava um indivíduo capaz de andar normalmente. Assim é conosco. Onde todos enxergam uma pessoa inútil, Jesus vê alguém capaz de correr pela vida afora, conquistando muitas vitórias.

Jesus não olhou para a mulher adúltera diante do grupo de apedrejadores e viu um caso perdido, mas sim um ser humano que precisava apenas de uma oportunidade para se levantar e nunca mais pecar. Diante do túmulo de Lázaro, Jesus não enxergou o cadáver mal-cheiroso, mas um velho amigo caminhando e vivendo intensas alegrias com sua família. Jesus não atira pedras em quem está caído. Ele não esmaga a cana quebrada, nem apaga a chama que está fraca. Jesus enxerga vida onde todos já desistiram ou taparam o nariz por causa do mau cheiro. Ele não vira as costas para quem bate à sua porta. Jesus quer restaurar.

*Jesus não atira pedras em quem está caído. Ele não esmaga a cana quebrada, nem apaga a chama que está fraca. Jesus enxerga vida onde todos já desistiram ou taparam o nariz por causa do mau cheiro.*

Ser cristão é amar como Jesus amou. Se consigo enxergar apenas defeitos, tenho um problema sério. Sou alguém que potencialmente vai esmagar a cana quebrada e apagar a chama que está fraca. Se amo como Jesus amou, serei uma extensão de sua vida de seu ministério, tornando-me um agente de transformação, cura e restauração.

O olhar de Jesus é misericordioso para aqueles que buscam seu socorro. Se nossas virtudes se resumissem apenas a uma única gota d'água no fundo de um copo vazio, ele olharia para ela e nos diria: "Alegra-me que isto esteja em seu coração". Assim é o olhar de Jesus: um olhar restaurador.

Toda ação restauradora de Deus nasce de sua graça, misericórdia e compaixão. Não há mérito em nós, tudo é gerado na disposição divina de nos amar incondicionalmente. Amor incondicional é amor sem restrições ou limitações, livre e independente, que não está sujeito a variações e não faz exigências. É um amor completo, pleno em si mesmo, absoluto, que não impõe condições e não espera nada em troca: é generoso, altruísta, infinito e imutável.

É escondido nesse amor que minhas forças se renovam, e é sob a sua ação que as incertezas se dissipam. É com base nesse amor que aprendo a descansar, porque quem conhece esse amor sabe que ele não falha.

Você está sofrendo? Então creia: Deus vai restaurá-lo. Graças ao infinito, extraordinário e incondicional amor dele por você.

## ORE COMIGO

*Pai querido e amado, estou sofrendo. Sinto-me como uma cana quebrada, que para nada mais serve a não ser para o lixo. Sinto-me como a chama que já está fraca, sem capacidade de iluminar, de desempenhar seu papel. Mas sei que tu me amas! E sei que o teu imenso amor é a fonte de restauração e renovação! Tu não tens interesse em me esmagar nem em me apagar, mas queres me restaurar e me pôr novamente em pé. Aviva a minha chama! Assim como fizeste com Elias, Paulo, Zaqueu e tantos mais, mostra-me o caminho e fortalece as minhas pernas para a jornada. Em nome de Jesus. Amém.*

# 2

## Saia do poço

### Restauração de vida

É possível que você esteja lendo este livro porque precisa desesperadamente de uma restauração na sua vida. Tudo parece ter desmoronado, e você sente como se tivesse chegado ao fundo do poço: não há para onde ir, ninguém ouve seus pedidos de socorro, a rotina está cinzenta, fria, sem sabor. A sensação é que as trevas prevaleceram. Talvez você se sinta desanimado, para baixo, sem esperanças de que a coisa vá melhorar. Se é o seu caso, gostaria de lhe dizer que você pode, sim, sair desse poço de depressão e abatimento.

O que desejo fazer neste capítulo é justamente apontar um caminho bíblico de esperança. Acredite, é possível superar os maus momentos, dar a volta por cima e reencontrar a felicidade! Um dos personagens da Bíblia com quem mais podemos aprender sobre isso é o profeta Jeremias.

A vida de Jeremias não foi fácil. Aquele homem de Deus chegou, literalmente, ao fundo do poço. As expressões que ele usa nos dois livros bíblicos que escreveu — Jeremias e Lamentações — nos revelam alguém muito triste, que se sente destruído, sem esperança, que chora sem descanso. Sua vida estava em ruínas e ele precisava de restauração. Os dias em que ele estava para baixo, mal, deprimido e angustiado eram mais frequentes do que aqueles em que estava feliz. O profeta escreveu:

> Minhas lágrimas correm sem parar; não cessarão até que o SENHOR se incline dos céus e veja. Meu coração está aflito pelo destino das mulheres de Jerusalém. Meus inimigos, a quem nunca fiz mal, caçaram-me como se eu fosse um pássaro. Num poço me jogaram e atiraram pedras sobre mim. A água subiu acima de minha cabeça e clamei: "É o fim!". Mas, lá do fundo do poço, invoquei teu nome, SENHOR. Tu me ouviste quando clamei: "Ouve minha súplica! Escuta meu clamor por socorro!". Sim, tu vieste quando clamei e disseste: "Não tenha medo".
>
> Lamentações 3.49-57

Jeremias está discursando sobre a sua condição e todos os termos aqui nos levam a entender que esse homem estava arruinado. Ele ainda cita que a razão desse choro era o fato de seus inimigos o terem caçado como se fosse um pássaro. Pior: ele foi lançado em uma cisterna imunda. Naquele momento de sua vida, ele foi tão rejeitado e perseguido que o lançaram em um poço para morrer. A Bíblia nos diz que sua situação era tão precária que ele ficou atolado na lama.

Mas, afinal, o que Jeremias fez de tão sério, grave, para chegar a esse fundo de poço? Que erros ele deve ter cometido? Quão grandes devem ter sido seus pecados? Suas palavras mostram que ele se via perdido, sem enxergar caminhos, vendo tudo desabar, sem chance alguma de mudança. Há uma pergunta que precisamos fazer aqui: o que alguém tem de fazer para chegar ao fundo do poço? O que levou aquele homem de Deus a estar naquela situação? Afinal, normalmente imaginamos que o lugar de um profeta é perto de Deus, em honra. Para compreendermos como o profeta chegou àquele estado lastimável, precisamos voltar ao início da história de Jeremias.

Quando lemos sobre o chamado daquele homem, fica claro que ele ocupava um lugar especial no plano divino: Deus lhe disse: “‘Eu o conheci antes de formá-lo no ventre de sua mãe; antes de você nascer, eu o separei e o nomeei para ser meu profeta às nações’” (Jr 1.5). Um homem separado no ventre, que Deus conheceu antes de vir ao mundo! Em outras palavras, Deus estava lhe dizendo: “Jeremias, você tem um chamado! Eu o escolhi, você é meu!”.

*O que alguém tem de fazer para chegar ao fundo do poço? O que levou aquele homem de Deus a estar naquela situação? Afinal, normalmente imaginamos que o lugar de um profeta é perto de Deus, em honra.*

Mas Jeremias respondeu: “‘Ó Soberano Senhor, não sou capaz de falar em teu nome! Sou jovem demais para isso!’”. Ao que o Senhor disse: “‘Não diga: ‘Sou jovem demais’, pois você irá aonde eu o enviar e dirá o que eu lhe ordenar’” (Jr 1.6-7). Isso mostra que Jeremias entrou em conflito consigo mesmo e tentou resistir ao seu chamado, como se dissesse: “Senhor, tanta gente para chamar, tanta gente para escolher... por que eu?”.

Estima-se que Jeremias estava com 21 anos nessa época, com toda a insegurança que esse período podia lhe proporcionar. Apesar da pirraça dele, Deus não mudou de ideia. Porque, quando ele escolhe, ele escolhe! E sua resposta para a tentativa de Jeremias de fugir da raia é como se dissesse: “Tudo o que eu o mandar fazer, você fará; aonde quer que o envie, você irá. A minha palavra estará em sua boca e tudo o que eu o mandar dizer, você dirá!”. Não há negociação. Quando Deus chama, escolhe, designa, não há sentença que mude um projeto divino. A eleição divina é irrevogável.

Uma coisa que eu gosto na Bíblia Sagrada é que ela nos mostra que Deus usa pessoas comuns. Você não vê pessoas formadas em laboratórios. Todos os heróis bíblicos eram gente como eu e você: pessoas simples, comuns, que acreditaram em Deus, cumpriram o seu chamado e fizeram diferença em seu tempo.

Jeremias era um jovem tímido, retraído. Foi chamado na sua terra natal, que era uma vila, uma aldeia chamada Anatote, a cinco quilômetros de Jerusalém. Ele veio de uma família simples, era inexperiente e não tinha eloquência. Por isso, fez uso dessas desculpas para tentar fugir de um projeto que exigia maturidade e responsabilidade.

Não é assim que muitas vezes nós fazemos também? Fomos chamados, separados, e Deus não mudará de ideia a nosso respeito. Você foi feito para boas obras. Há uma razão para a sua existência, há um propósito para estarmos aqui. Nós somos criação de Deus, criados em Cristo para boas obras (Ef 2.10). Então, não há como fugir de nosso destino.

Sabe o que é o mais interessante? Assim como Deus conheceu Jeremias no ventre materno, ele também o conheceu antes que você sonhasse em viver. Antes de lançar os fundamentos da terra, Deus já sabia que hoje você estaria lendo este livro. Você pode dar a volta que quiser, rodar o mundo quantas vezes desejar, arriscar a própria vida incontáveis vezes, mas continua debaixo dos olhos de Deus.

Há um chamado, um propósito, uma razão. Se Deus me chamou para boas obras, isso é mais do que me preocupar com minhas necessidades; mais do que buscar a Deus em função dos meus sonhos pessoais; mais do que olhar só para meu umbigo. Há projetos maiores, mais nobres, espirituais, que têm de fazer parte da minha vida. Deus tem um plano para cada um de nós.

Ouvir que Deus tem um plano para a sua vida parece algo comum. Na primeira vez que me disseram que Deus tinha um plano para a minha vida, eu me achei o cara mais especial da face da terra. Mas a mesma pessoa que me disse isso também afirmou a mesma coisa para outro, outro e outro. Ainda assim, embora haja um plano divino para todos, isso não anula a importância do nosso plano. Há um propósito para cada ser humano. É por isso que todo mundo, seja cristão, seja incrédulo, tem um senso de missão, um desejo de fazer algo mais. Toda pessoa tem essa lacuna, esse vazio, que só pode ser preenchida quando ela começa a trafegar pelos trilhos que Deus estabeleceu.

*Embora haja um plano divino para todos, isso não anula a importância do nosso plano. Há um propósito para cada ser humano. É por isso que todo mundo, seja cristão, seja incrédulo, tem um senso de missão, um desejo de fazer algo mais.*

Existe muita gente travada quando o assunto é servir, se envolver. Amam a Deus, querem adorá-lo de todo o coração, mas seu envolvimento é extremamente superficial, cheio de proteções, distante. Não é essa a vontade de Deus para sua vida. Mas a decisão de dispor-se para a obra do Senhor é individual, ninguém pode tomá-la por você. Ninguém opta por servir a Deus como consequência de argumentação humana; é uma decisão que acontece no íntimo, na alma. É como um clique: de uma hora para outra, vêm o entusiasmo, o ânimo, a coragem, a força. E, quando isso ocorre, Deus nos capacita, como fez com Jeremias: "'Veja, coloquei minhas palavras em sua boca! Hoje lhe dou autoridade para enfrentar nações e reinos, para arrancar e derrubar, para destruir e arrasar, para edificar e plantar'" (Jr 1.9-10).

É só você tomar uma posição que a capacitação vem, de forma sobrenatural. O homem que não sabia falar começa a pregar, a mulher que não sabia cantar começa a adorar, aquele que não entendia nada começa a compreender a Palavra, aquela que não se movia no sobrenatural começa a compreender o mundo espiritual. É a hora que Deus responde ao seu posicionamento, com unção, e toda palavra que sair da sua boca será conduzida pelo Senhor.

A sociedade em que Jeremias vivia era muito parecida com a nossa hoje, deteriorada nos âmbitos econômico, político e, principalmente, espiritual. O plano de Deus era a restauração, mas, para que isso acontecesse, o povo teria de passar por um processo de arrependimento e conversão, por meio da humilhação e do quebrantamento. Essa é a base da aliança com Deus; é assim que começa um projeto de restauração. Nada acontece sem que antes haja quebrantamento, clamor, contrição. O projeto era este: "se meu povo, que se chama pelo meu nome, humilhar-se e orar, buscar minha presença e afastar-se de seus maus caminhos, eu os ouvirei dos céus, perdoarei seus pecados e restaurarei sua terra" (2Cr 7.14).

O problema é que, depois de muitos anos pregando o que Deus mandava, Jeremias percebeu que não havia mudança alguma. As pessoas não estavam dispostas a ser moldadas por sua mensagem, o coração delas estava endurecido. E a mensagem daquele homem começou a ser considerada ofensiva, porque ele dizia que haveria julgamento e destruição. Muitos começaram a dizer que ele não era patriota. Sua mensagem foi totalmente rejeitada! O profeta vinha apontando todos os erros, mas os israelitas não conseguiam aceitar a exortação.

*Você tem de ser humilde para reconhecer que está errado. Reconhecer nossos erros é muito mais difícil do que imaginamos. Temos a maior facilidade do mundo para identificar o erro alheio, mas, quando é para olhar a própria vida e reconhecer as nossas falhas, é difícil.*

Você tem de ser humilde para reconhecer que está errado. Reconhecer nossos erros é muito mais difícil do que imaginamos. Temos a maior facilidade do mundo para identificar o erro alheio, mas, quando é para olhar a própria vida e reconhecer as nossas falhas, é difícil. O orgulho impede que as reconheçamos. Mas, se Deus nos ama e estamos errados, ele nos repreende: "Pois o Senhor corrige quem ele ama, assim como o pai corrige o filho a quem ele quer bem" (Pv 3.12). Deus ama e, porque ama, repreende.

Qual era o plano de Deus? Primeiro, ele alertou o povo de seus pecados. Mas, como ninguém estava dando atenção às palavras que transmitiu por Jeremias, ele viu a necessidade de um tratamento de choque, de levar seus amados a uma condição de humilhação, a fim de que voltassem a buscar a sua face. Por essa razão, Deus determinou que o povo ficaria no cativeiro babilônico por setenta anos. "Esta terra inteira se transformará em desolação e ruína. Israel e as nações vizinhas servirão ao rei da Babilônia durante setenta anos" (Jr 25.11). Se era isso que precisava para que o plano divino se cumprisse, era o que seria feito.

O povo não aceitava essa mensagem porque parecia não fazer sentido. Mas Deus não faz nada ao acaso. Aquele cativeiro tinha de produzir temor e aperfeiçoamento, humilhação. Já que as pessoas ignoravam solenemente sua reprimenda, Deus decidiu levá-las a um lugar de quebrantamento, onde, enfim, entenderiam o que ele estava dizendo. "'E esta é a nova aliança que farei com o povo de Israel depois daqueles dias', diz o Senhor. "'Porei minhas leis em sua mente e as escreverei em seu coração. Serei o seu Deus, e eles serão o meu povo'" (Jr 31.33).

Deus estava dizendo que haveria o cativeiro, um período de ruínas, mas era para o bem daqueles que ele amava. Sim, haveria uma fase ruim, difícil, de angústia, mas era para que houvesse um conserto. Ao fazer isso, Deus mostrava que seus projetos não podem ser frustrados, que seus planos não falham, mesmo que seja preciso machucar hoje para colher os frutos amanhã: "'Assim como não se pode medir os céus nem explorar os alicerces da terra, não rejeitarei o povo de Israel pelo mal que fizeram. Eu, o Senhor, falei!'" (Jr 31.37). Deus sabia que, do jeito que o povo estava, acabaria se perdendo. Do jeito que a coisa andava, os israelitas entrariam em apostasia, ficariam espiritualmente frios. Ele percebeu que estava perdendo seus amados, por isso decidiu agir, colocando-os sob pressão, permitindo seu sofrimento, mas para seu bem.

Quando as coisas estão muito a nosso favor, nos esquecemos com facilidade do bem que Deus nos fez e nos afastamos de seus propósitos. Mas, quando Deus nos julga, nos espreme, nos chama para o quebrantamento, fica muito mais fácil ouvir sua voz. Quão mais humilhados nos achegamos a ele e quão mais veemente é o nosso clamor, mais intensa é nossa busca. Somos de Deus e, se nos afastamos, ele fará o que for preciso para nos trazer de volta, até mesmo permitir que o mal venha sobre nós. Este é o motivo de, muitas vezes, termos de enfrentar situações difíceis: para que nos quebrantemos diante do altar, para que venhamos a conhecê-lo intimamente, para que compreendamos seus propósitos, para que aprendamos a escutar sua voz. Mas, depois que vier o mal e tivermos assumido a posição em que Deus quer que estejamos, ele nos fará o bem.

*Ele nos restaurará.*

## As crises e o amor do Pai

Deus tem promessas incríveis para nossa vida. Mas, para que elas se cumpram, temos de aprender de Deus tanto o bem quanto o mal. Precisamos aprender a estar firmes com Deus, a ser fiéis a ele, tanto quando os ventos estão a nosso favor como quando nos são contrários. Esse é o tipo de fidelidade que o Senhor espera de nós. Ele aguarda que cheguemos ao ponto de dizer: "Estou contigo e não abro mão! Vou contigo até o fim! Estou aos pés da cruz e não te abandono! Tu me chamaste e aqui estou, por mais difícil que seja, e vou permanecer! Teu caminho é perfeito e, por mais que agora eu não esteja entendendo nada, lá na frente vou dar-te graças pelo que estou vivendo e pelo que estou aprendendo".

Tem fases em que parece que o inferno se levantou para acabar com nosso ministério, nossa família, nosso casamento, nossa vida. Há dias terríveis, momentos difíceis, mas, se resistimos, se permanecemos, se conseguimos administrar nossos sentimentos sem murmuração nem revolta, todo o mal que recebemos se converte em bem. A questão é a dificuldade de compreender isso com clareza em meio ao furacão. Foi o que aconteceu com Jeremias. Sua pregação foi recebida com descaso e ele foi perseguido, preso e torturado.

> Então os oficiais tiraram Jeremias de sua cela e o baixaram por meio de cordas para dentro de um poço vazio no pátio da prisão. O poço pertencia a Malquias, membro da família real. Não tinha água, mas havia uma camada de lama no fundo, e Jeremias ficou atolado nela.
>
> Jeremias 38.6

Deus determinou que Jeremias conhecesse o fundo do poço. Enrolaram cordas em seus braços e o desceram a um lugar escuro, úmido, onde não havia água, só lama. Será que seu fundo de poço é pior que o de Jeremias? Será que aquilo que você vive hoje se compara com aquilo que o profeta teve de viver? Curiosamente, Jeremias escolheu fazer a vontade de Deus, mas muitas vezes isso envolve crise. A vontade de Deus é boa, agradável e perfeita, mas nem sempre é fácil! O que aquele profeta de Deus fez de errado? Qual foi sua grande iniquidade? Ele era um homem reto, que serviu a Deus, que não fugiu da sua missão, mas aceitou o chamado, que fez o que era certo, que pregou o que Deus mandou, que escolheu andar em sua presença. O que ele fez de errado? Nada. Ele cumpriu a vontade de Deus e, por essa razão, agora estava no fundo do poço.

*Será que seu fundo de poço é pior que o de Jeremias? Será que aquilo que você vive hoje se compara com aquilo que o profeta teve de viver? Curiosamente, Jeremias escolheu fazer a vontade de Deus, mas muitas vezes isso envolve crise. A vontade de Deus é boa, agradável e perfeita, mas nem sempre é fácil!*

A questão é que, às vezes, a vontade de Deus envolve crises. O rei Davi experimentou isso muitas vezes. "Vem depressa, Senhor, e responde-me, pois meu ânimo se esvai" (Sl 143.7), clamou o homem segundo o coração de Deus. As circunstâncias que enfrentou eram tão sérias que ele já não conseguia ser quem era, já não andava na mesma alegria, na mesma paz. Seu estado de espírito estava mal, perturbado. O mesmo Davi disse: "Permitiste que eu passasse por muito sofrimento, mas ainda restaurarás minha vida e me farás subir das profundezas da terra" (Sl 71.20).

Sabe o que devemos fazer quando nosso ânimo se esvai? Não desanimar: "Meu filho, não despreze a disciplina do Senhor; não desanime quando ele o corrigir" (Hb 12.5). Você será repreendido e exortado, mas não despreze a correção do Senhor e não desanime quando isso ocorrer. Afinal, "'o Senhor disciplina quem ele ama e castiga todo aquele que aceita como filho'. Enquanto suportam essa disciplina de Deus, lembrem-se de que ele os trata como filhos" (v. 6-7). Se nosso Pai permite que enfrentemos a ruína, precisamos ter em mente que ele faz isso para o nosso bem e, lá na frente, vamos glorificar seu nome.

## Não perca a visão

"As lágrimas de aflição me cegaram os olhos; todos os dias, clamo por ti, Senhor, e a ti levanto as mãos" (Sl 88.9), escreveu o levita Hemã. Isso aponta para outra realidade importantíssima quando nos vemos em meio à crise, à ruína: nessa hora, não podemos perder a visão. Hemã afirma que, de tão desanimado, já não conseguia enxergar, tão tomados pelas lágrimas estavam seus olhos. De forma análoga e simbólica, podemos entender que a aflição é capaz de nos cegar para os propósitos de Deus. Deixamos de ter certeza dos seus planos. Parece que o céu está fechado, que fomos esquecidos.

Apesar disso, não perca a visão! Não desanime! Normalmente, quando a chama esquenta e a fornalha nos cerca, fica fácil perder a visão. Você logo esquece quem é o seu Deus, quem você é para Deus, que foi chamado no ventre materno, que ele nunca vai desprezá-lo ou abandoná-lo. Quando a situação se complica, nós esquecemos rápido demais tudo o que Deus é para nós. Não perca a visão! Não perca de vista a mão do Senhor em sua história.

Ninguém prometeu que tudo daria certo sempre. Jesus avisou: "Aqui no mundo vocês terão aflições, mas animem-se, pois eu venci o mundo" (Jo 16.33). E mais: "Se você vacilar no momento de dificuldade, sua força será pequena" (Pv 24.10). Não podemos vacilar! O homem que vacila em uma crise é fraco. Não podemos ser frouxos, mas devemos confiar em Deus, sabendo que ele escuta nosso clamor.

Jeremias chegou ao enlameado fundo do poço, sem luz, no frio, esquecido, esperando a morte chegar. Ponha-se no lugar dele. Provavelmente, se você estivesse ali, questionaria Deus, dizendo algo como: "Foi para isso que o Senhor me chamou no ventre materno? Para que eu ficasse atolado na lama? Eu fiz tudo o que o Senhor mandou e minha vida vai terminar assim? Esse era o teu plano perfeito?". Na verdade, em meio às crises e à ruína, é exatamente o que dizemos a Deus: "Pai, estou, no fundo do poço. Não vejo luz, não vejo nada, apenas espero a morte chegar".

Mas, quando um homem crê em Deus e confia nele, grandes coisas acontecem! De repente, quando tudo parecia perdido, Deus levantou um homem, o etíope Ebede-Meleque, oficial importante da corte, que decidiu, sem nenhum motivo aparente, interceder por Jeremias diante do rei:

> "Ó meu senhor, o rei", disse, "estes homens fizeram muito mal em colocar o profeta Jeremias no poço. Logo ele morrerá de fome, pois não há mais pão na cidade." Então o rei disse a Ebede-Meleque: "Leve trinta homens sob suas ordens e tire Jeremias do poço antes que ele morra". Ebede-Meleque levou os homens e foi à sala do palácio debaixo da tesouraria, onde encontrou alguns pedaços de pano e roupas velhas. Levou-os até o poço e, por meio de cordas, os desceu para Jeremias. Ebede-Meleque disse a Jeremias: "Coloque os pedaços de pano debaixo dos braços, para que as cordas não o machuquem". Quando Jeremias estava pronto, puxaram-no para cima. Jeremias foi levado de volta para o pátio da guarda e permaneceu preso ali.
>
> Jeremias 38.9-13

Por mais fundo que esteja o poço, Deus sempre tem uma saída! Sabe o que aconteceu com Jeremias? Ele sobreviveu. Ele deixou o fundo do poço e viveu por muito tempo depois disso. Deus restaurou sua vida! Deus restaura vidas! Quando tudo parecia perdido, quando parecia que a lama seria a sepultura do profeta, Deus fez o que parecia impossível, reverteu a situação e acabou com a crise. Restauração completa!

*Por mais fundo que esteja o poço, Deus sempre tem uma saída! Sabe o que aconteceu com Jeremias? Ele sobreviveu. Ele deixou o fundo do poço e viveu por muito tempo depois disso. Deus restaurou sua vida! Deus restaura vidas!*

Jeremias morreu muito tempo depois. É interessante perceber que ele não viu muita coisa que gostaria de ter visto: o povo não se arrependeu e acabou no cativeiro. Apesar disso, Jeremias cumpriu seu chamado, sua missão. E, por meio de toda a aflição que viveu, o profeta cresceu naquilo que é o principal em nossa existência: intimidade com Deus e entendimento dele:

> Lembro-me sempre destes dias terríveis enquanto lamento minha perda. Ainda ouso, porém, ter esperança quando me recordo disto: O amor do Senhor não tem fim! Suas misericórdias são inesgotáveis. Grande é sua fidelidade; suas misericórdias se renovam cada manhã. Digo a mim mesmo: "O Senhor é minha porção; por isso, esperarei nele!". O Senhor é bom para os que dependem dele, para os que o buscam.
>
> Lamentações 3.20-25

As coisas estão difíceis? Você está enfrentando a ruína? A crise parece ser maior do que você é capaz de suportar? Você se encontra no fundo de um poço de onde parece não haver saída? Então, assim como Jeremias, tenha esperança. Lembre-se: o amor do Senhor por você não tem fim! As misericórdias de Deus para você são inesgotáveis! Grande é a fidelidade do Senhor! As misericórdias de Deus se renovam a cada manhã da sua vida! Espere nele, dependa dele, busque-o, pois Deus é bom para quem assim o faz.

Creia nisso, e a restauração virá.

## ORE COMIGO

*Pai, sei que não tens prazer em ver teus filhos distantes, distraídos, enfraquecidos, endurecidos em seu coração e em seus sentimentos. Esperamos em ti, porque tu és bom para a alma que te busca e o teu amor nos cerca. Peço que mudes a nossa história e, para isso, aceitamos nosso chamado, de coração aberto, na esperança de ter um relacionamento verdadeiro contigo. Muitas vezes não vemos saída, cremos que estamos no fundo do poço e que nunca sairemos da lama, mas tu és um Deus que restaura, que vivifica, que faz novas todas as coisas! Louvamos teu nome, com a certeza de que, mesmo que estejamos desanimados, tu nos restauras. Muda nossa sorte, põe um ponto final em nossa ruína! Não permitas que percamos a visão, mas conduze-nos por tua mão rumo ao cumprimento de teus maravilhosos planos. Em nome de Jesus. Amém.*

# 3

## Acenda a chama

### Restauração espiritual

Se, por um lado, muitas pessoas estão em ruínas e precisam passar por um processo de restauração de vida para sair do fundo do poço, por outro existem aquelas que não aparentam ter maiores problemas, mas, no silêncio de sua alma, enfrentam um tipo terrível de desafio: a frieza espiritual. São pessoas cuja vida está aparentemente bem, mas que, por dentro, clamam desesperadamente por uma conexão com Deus. Elas amam Jesus, querem segui-lo e servi-lo, mas se encontram em estado de surdez espiritual, sem conseguir ouvir a voz de Deus nem sentir o fogo do Espírito Santo. A boa notícia é que a Bíblia aponta caminhos possíveis para a restauração espiritual, como o que descobrimos no episódio do encontro de Jesus com um deficiente auditivo em Decápolis.

Durante seu ministério terreno, Jesus percorreu muitas localidades. A Bíblia relata que, em certa ocasião, ele foi a Decápolis, um conjunto de dez cidades na fronteira oriental do Império Romano, já quase na divisa com a Síria. Ali, encontrou um deficiente auditivo que também tinha dificuldades de fala. Jesus o levou à parte, longe da multidão, e ficou a sós com ele. O que aconteceu em seguida foi extraordinário:

> Pôs os dedos nos ouvidos do homem e, em seguida, cuspiu nos dedos e tocou a língua dele. Olhando para o céu, suspirou e disse: "Efatá!", que significa "Abra-se!". No mesmo instante, o homem passou a ouvir perfeitamente; sua língua ficou livre, e ele começou a falar com clareza.
>
> Marcos 7.33-35

Ao testemunhar esse fato, o povo da região ficou absolutamente maravilhado, tornando notórias as obras de Cristo, multiplicando a sua obra e levando as boas-novas de boca a boca.

Essa história é, por si só, impactante e maravilhosa. Mas ela não trata apenas de um homem curado milagrosamente dois mil anos atrás. É possível extrair dela um sentido espiritual alegórico que nos abençoa grandemente. Podemos enxergar aquele homem como o arquétipo das pessoas que têm ouvidos mas não escutam, isto é, que hoje vivem em estado de surdez espiritual. Esses indivíduos nunca rejeitaram a Deus, mas já não possuem a mesma paixão, o mesmo fogo. Eles têm dons, mas estão inativos. Não são pessoas más, não são anticristos, não são opositoras do reino; pelo contrário, são pessoas boas, queridas, mas nada parece penetrar em seu coração, que agora está espiritualmente petrificado. É gente que, apesar de amar a Deus, passou a se sentir indiferente, insensível. A chama parece estar cada vez mais fraca. Em função disso, essas pessoas estão como "surdas", isto é, não escutam mais a voz de Deus, tornaram-se espiritualmente incapacitadas de se relacionar com ele, ainda que batam ponto na igreja.

Será que há como restaurar a plena espiritualidade desses irmãos e dessas irmãs em Cristo? Sim, há, e a história da cura daquele surdo nos ajuda a encontrar o caminho.

Aquele homem queria ouvir. Ele estava desesperado para ser curado. Não era como aqueles que Paulo descreve a Timóteo:

"Pois virá o tempo em que as pessoas já não escutarão o ensino verdadeiro. Seguirão os próprios desejos e buscarão mestres que lhes digam apenas aquilo que agrada seus ouvidos. Rejeitarão a verdade e correrão atrás de mitos" (2Tm 4.3-4). Nada disso, ele não era surdo porque rejeitava ouvir; ele tinha um interesse genuíno por escutar. Em um caso como esse, a única esperança é um encontro pessoal e verdadeiro com Jesus. Só ele e mais ninguém.

*Ele não era surdo porque rejeitava ouvir; ele tinha um interesse genuíno por escutar. Em um caso como esse, a única esperança é um encontro pessoal e verdadeiro com Jesus. Só ele e mais ninguém.*

Muitos indivíduos esfriaram na fé ou ficaram esgotados por inteiro nas coisas relativas a Deus e precisam desesperadamente de uma restauração espiritual. Em geral, a chama da espiritualidade começa a apagar quando lidamos com decepção, frustração e traição. Você coloca a mão no fogo por alguém e sai com queimaduras de terceiro grau. Você tenta manter a paz e um bom relacionamento com todos, mas descobre que tem inimigos. Ou, ainda, quando você é ferido no ambiente da igreja. Ou quando pessoas boas, que amam a Deus, enfrentam um ritmo muito intenso na igreja. Isso cansa, é natural; e esse cansaço acaba gerando um sentimento de repulsa ao ambiente.

O esfriamento espiritual também acontece quando a espiritualidade começa a enferrujar. Isso ocorre quando você se deixa capturar pela tirania da rotina. Isto é, quando, por mais que você ame, busque e se dedique a Deus, coisas novas não acontecem. Você entra em um ciclo de ir de casa para o trabalho, do trabalho para a academia, da academia para casa, de casa para a igreja, da igreja para casa, de casa para a célula, da célula para casa, de casa para a igreja, da igreja para o trabalho, do trabalho para a escola, da escola para a célula, da célula para a igreja... Enfim, nada de novo atravessa seu caminho! São sempre as mesmas coisas, as mesmas pessoas fazendo tudo igual. E, quando isso acontece por muito tempo, muitos sentem vontade de jogar a toalha. A chama do coração dos santos também se apaga — e com frequência — quando se institucionaliza o mover, quando a comunhão com Deus é substituída por ritos e obrigações. Isso faz que a paixão não seja a mesma, que o fervor seja substituído por agendas e tarefas.

Ninguém pode fazer um deficiente auditivo ouvir, só Jesus. De igual modo, ninguém, nem líder, nem pastor, nem amigo, pode fazer um surdo espiritual voltar a escutar. É frustrante. Você sente que seu trabalho é em vão, porque, por mais que fale, pregue e leia a Bíblia, se aquela pessoa não tiver um encontro pessoal com Jesus, não vai haver cura nem transformação. A conclusão é que precisamos clamar pelos que estão espiritualmente surdos, assim como os amigos daquele deficiente de Decápolis fizeram, a fim de que tenham um encontro pessoal restaurador com Cristo.

## Jesus sente empatia pelos esgotados

O que Jesus fez ao deparar com aquela vida preciosa, mas sofrida? Ele respondeu ao clamor, porque Cristo nunca despreza um coração contrito. Assim, ele conduziu o homem para longe da multidão, onde pudesse ficar a sós com ele, pois sabia que aquele deficiente precisava de um toque pessoal, de uma experiência pessoal. Era preciso ter uma conversa olho no olho. De igual modo, Jesus não quer estar com você somente no meio da massa e falar com a multidão como se você não estivesse presente. Deus não fala com seus filhos como se fossem números, mas como um pai fala com um filho! É preciso um toque individual, personalizado. Aquilo tinha de ser real para o homem.

Não dava para dizer algo ao léu e esperar que aquele indivíduo tomasse posse.

É como se Jesus estivesse dizendo a ele: "Você é filho, você é especial. Vamos nos afastar dessa multidão, porque eu quero falar só com você, de forma íntima. Preciso olhar nos seus olhos, quero que tenhamos um tempo a sós". Depois, Jesus fez algo que passou uma mensagem totalmente compreensível para o deficiente: ele colocou os dedos nos ouvidos do homem. Ao fazer isso, Jesus comunicou compreender que ele não estava escutando. O gesto passou com clareza o entendimento: "Amado, eu sei o que você está vivendo".

Foi quando Jesus cuspiu. Não parece esquisito isso? Mas é o que ele fez: Jesus cuspiu. Depois foi além e tocou a língua do homem. Por quê? Com isso, ele deixou claro que sabia da dificuldade que aquele cidadão tinha para falar. Tocou os ouvidos e tocou a língua, como se dissesse: "Eu vou curar os seus ouvidos, eu vou curar a sua língua. Vou cuspir fora todos os laços que amarram você".

Como será que aquele homem percebeu esse ato de Jesus? Tenho para mim que ele se deu conta de que Cristo havia lhe dedicado uma atenção toda especial. Jesus se importou, gastou tempo exclusivamente com ele e falou sua linguagem — a de gestos! Acredito que o homem se viu alcançado da maneira mais humana possível: alguém falou sua língua, pois sentiu empatia.

É como se ele pensasse: "Ele não está pedindo que eu o compreenda, como fizeram comigo a vida inteira. Não! Ele está me compreendendo! Ele me levou à parte para ter um momento de intimidade comigo e para me preservar, pois não queria me transformar em um *show*. E não só isso, Jesus falou a minha linguagem, pois me compreendeu! Ele sentiu a minha dor e agiu em meu favor!". Diante daquela série de atitudes maravilhosas de Cristo, o homem percebeu que ele sabia pelo que estava passando. Aquele homem apagado, fraco, precisava de um toque sobrenatural. Não de uma longa preleção, não de uma música, não de uma reunião coletiva, não de um aconselhamento, mas de um toque pessoal.

*Aquele homem apagado, fraco, precisava de um toque sobrenatural. Não de uma longa preleção, não de uma música, não de uma reunião coletiva, não de um aconselhamento, mas de um toque pessoal.*

Foi quando Jesus fez algo incomum: "Olhando para o céu, *suspirou*..." (v. 34). Depois de olhar aquele homem nos olhos e de tocar seus ouvidos e sua língua, Jesus, na presença dele, suspirou com os olhos fitos no céu. A palavra no original em grego que aqui foi traduzida como "suspirou" indica que ele emitiu um gemido audível, um gemido de dor. Sabe por quê? Porque, além de sentir a dor daquele homem, além de sentir a tristeza de nunca ter sido entendido nem compreendido, ele demonstrou empatia ao emitir um clamor sem voz.

Havia um clamor no coração daquele homem, um clamor que não se podia ouvir, que não podia ser liberado. O clamor sem voz é o clamor de corações sufocados, abafados, incapazes de se expressar. E Jesus sabia disso! Por isso, gemeu! Essa atitude de Cristo fala sobre a incapacidade de se comunicar. Ao se exprimir por meio de um gemido, Jesus deu voz a todos aqueles que não conseguem se fazer ouvidos, que estão surdos, que não conseguem se comunicar, orar ou adorar. Quando você não escuta Deus, isto é, quando perde a comunhão com Deus, tudo o que você fala já não tem mais vida.

## Se você crer e buscar

Fico pensando em quantas vezes aquele homem chorou até perder o sono. Quantas madrugadas ele deve ter ficado acordado, deprimido, por não conseguir escutar nem falar, por não ter relacionamentos, por não ter quem o entendesse. Creio que não foram poucas as ocasiões em que ele quis explicar o que estava sentindo, mas tudo que saiu dos seus lábios foi um som desajeitado. Quantas vezes ele deve ter pensado: "Ah, se eu conseguisse falar pelo menos uma vez! Se eu tivesse voz eu gritaria, diria que não sou idiota, que não estou fugindo de Deus nem me rebelei contra ele. Só estou confuso, tenho problemas, mas ninguém me escuta!".

De igual modo, há pessoas que, hoje, apesar de todo o seu amor por Deus, de sua dedicação ao reino, estão dizendo: "O que está acontecendo comigo? Não estou com raiva de Deus, não o culpei pelos meus fracassos nem me voltei contra ele. Sei que Jesus é real! Eu sou salvo, desci às águas do batismo, então o que está acontecendo comigo? Deus, eu te amo, eu pertenço a ti e quero seguir-te, mas estou tão confuso! Por que eu não consigo falar o que está preso em meu coração? Por que não é mais fácil, mais simples? Por que me sinto tão sufocado, tão agoniado? Por que me sinto tão oprimido? Por que não é fácil transformar esse clamor em uma voz?". Se pudessem explicar esse clamor, tais pessoas estariam dizendo: "Estou espiritualmente frio e isso está me consumindo por dentro, pois me sinto frustrado, decepcionado. Eu tinha de estar pegando fogo, mas me sinto seco, gelado, vazio".

A chama dessas pessoas se apagou e elas precisam de restauração. Deus as chamou para ser luz e iluminar este mundo, mas a chama se apagou. Muitos viviam espiritualmente aquecidos, mas viram tanta hipocrisia, sentiram tanta dor, foram tão machucados que estão com problemas sérios para se relacionar com Deus. Estão se sentindo sozinhos, injustiçados, angustiados, deprimidos, fracos. Chegaram a um ponto em que parece impossível suportar.

A Bíblia conta como foi o momento da restauração daquele homem: "Olhando para o céu, [Jesus] suspirou e disse: 'Efatá!', que significa 'Abra-se!'. No mesmo instante, o homem passou a ouvir perfeitamente; sua língua ficou livre, e ele começou a falar com clareza" (v. 34-35). Imagine a sua felicidade! Ele, que antes estava frio e abatido, que vivia distante de Cristo, provavelmente agora abraçava Jesus bem agarrado junto ao seu peito. É isso que ocorre quando uma vida é espiritualmente restaurada: ela passa a carregar Deus no coração, com emoção constante, alegria e festa.

*É isso que ocorre quando uma vida é espiritualmente restaurada: ela passa a carregar Deus no coração, com emoção constante, alegria e festa.*

Gosto de imaginar aquele jovem chorando de alegria, vibrando, agarrado a Jesus. Quais terão sido suas primeiras palavras? Acredito que foram expressões de adoração e gratidão. Daquele momento em diante, ele poderia orar, adorar, se comunicar com Deus. A cura de Jesus o libertou de uma prisão maligna; uma prisão de isolamento e distanciamento. Agora os grilhões foram quebrados e ele podia estar bem perto de Jesus, o adorando com liberdade e júbilo.

Há algo que a pessoa que está se sentindo espiritualmente em ruínas pode fazer a fim de experimentar a restauração de seu relacionamento com Jesus? Sim, há. Se é o seu caso, você deve se dispor a estar a sós com o Senhor, para entrar em uma dimensão sobrenatural, aquela em que a glória de Deus é tão impactante que a adoração explodirá em seu peito! Ao fazer isso, você se verá cheio de fervor espiritual! Clame a Deus e diga-lhe que precisa ser pessoalmente tocado pelo Espírito Santo!

Deus está esperando que você encontre um tempo a sós com ele. Haverá voz para seu clamor! Sim, você conseguirá voltar a orar, pois, ao buscá-lo com um coração contrito, Cristo dirá "Efatá"! A oração voltará a fluir, junto com lágrimas, louvores e palavras de adoração! Você vai conseguir adorar a Deus de novo, como foi chamado a adorar.

Se você precisa ser restaurado espiritualmente, busque o Senhor a sós, longe da multidão, pois ele quer visitá-lo em intimidade e falar ao seu coração. Ele sabe que você precisa de algo só seu, uma experiência só sua, um toque único só seu! Deus o chama pelo nome e, se você crer e buscar, sua paixão espiritual será plenamente restaurada!

**ORE COMIGO**

*Pai, não sei o que houve comigo, mas reconheço que esfriei espiritualmente. Estou como alguém que não fala nem escuta: isolado em mim, distante, sem conseguir me conectar. Frio. Parece que perdi a voz que me levava a falar contigo em lugares sobrenaturais. Aviva-me, Deus! Restaura-me! Decreta o "Efatá" em minha vida, para que eu volte a sentir o fogo do Espírito! Toca-me, pessoal e intimamente, com o fogo do Espírito, para que eu vibre outra vez e me alegre em tua santa e palpável presença! Em nome de Jesus eu clamo. Amém.*

# 4

## Renda-se completamente

### Restauração pela graça

O apóstolo Paulo vivia com uma grande aflição, provocada por algo que ele chamou de "espinho na carne" (2Co 12.7). Não podemos afirmar com toda certeza o que seria isso, pois a Bíblia não é clara a esse respeito: uns dizem que era uma tentação, outros que era uma doença ou, ainda, uma perseguição. Fosse o que fosse, esse "espinho na carne" atribulava o apóstolo; era algo difícil e doloroso. Porém, quando Paulo pediu a Deus que o livrasse desse mal, a resposta foi enfática: "Minha graça é tudo de que você precisa" (v. 9). Se Deus afirma que sua graça é tudo de que um homem precisa, precisamos urgentemente compreender o que é essa graça e o que ela produz.

Paulo falou sobre graça em diversos textos bíblicos. Um dos mais importantes é Efésios 2.8, no qual ele explica: "Vocês são salvos pela graça, por meio da fé. Isso não vem de vocês; é uma dádiva de Deus". Eu sou salvo pela graça! Você é salvo pela graça! Todos os cristãos são salvos única e exclusivamente pela graça!

Graça é perdão, é favor, é a nova chance que Deus nos dá, mesmo sem merecermos! Portanto, uma vez que nascemos espiritualmente mortos em nossos pecados e precisamos desesperadamente do dom salvador de Deus, sem a graça estamos perdidos, condenados à perdição, destituídos de esperança. Precisamos ser salvos pela graça de Cristo, a única que restaura vidas destinadas ao inferno e leva-as a uma condição de paz, honra, vitória e vida eterna!

A crucificação de Jesus reuniu no monte Calvário cinco grupos de pessoas que tiveram a chance de receber a graça de Deus, a fim de obter a restauração eterna de sua alma. Lamentavelmente, nem todos entenderam quanto precisavam dela. Ao analisarmos cada um desses grupos, conseguimos compreender quanto a graça é importante e necessária. Todos os cinco tiveram a mesma oportunidade de ser restaurados pela graça, porém nem todos a abraçaram, como veremos a seguir.

## Primeiro grupo: os interesseiros

O primeiro grupo de pessoas que esteve presente na crucificação de Cristo e testemunhou o sacrifício de Jesus, mas não compreendeu a graça que lhes era estendida, é o dos soldados romanos.

> Depois que os soldados crucificaram Jesus, repartiram suas roupas em quatro partes, uma para cada um deles. Também pegaram sua túnica, mas ela era sem costura, tecida numa única peça, de alto a baixo. Por isso disseram: "Em vez de rasgá-la, vamos tirar sortes para ver quem ficará com ela". Isso cumpriu as Escrituras que dizem: "Repartiram minhas roupas entre si e lançaram sortes por minha veste". E foi o que fizeram.
>
> João 19.23-24

Aqueles soldados acompanharam Jesus até a cruz, mas se preocuparam somente com as roupas dele, com aquilo que era material, de que poderiam tirar proveito. Esses soldados nos remetem, alegoricamente, às pessoas que estão próximas da graça, mas são movidas por interesses materialistas. São interesseiras.

Os soldados que crucificaram Jesus devem estar chorando nas trevas até hoje, pois vivenciaram um dos momentos mais importantes da história, tocaram em Jesus, acompanharam o processo de seu julgamento, ouviram muito sobre quem era o Cristo, tiveram a chance de entender todo o projeto de salvação e de receber a graça... mas só se preocuparam com as roupas dele! Apesar de terem a oportunidade de ouvir as palavras de Jesus e compreender seu ministério e sua mensagem, simplesmente olharam para bens materiais. Que triste!

> *Os soldados que crucificaram Jesus* [...] *Apesar de terem a oportunidade de ouvir as palavras de Jesus e compreender seu ministério e sua mensagem, simplesmente olharam para bens materiais. Que triste!*

Aquele grupo de soldados representa as pessoas que estão próximas da graça, mas só conseguem olhar para os benefícios que podem obter dela. É gente que anda muito próximo das realidades espirituais, mas dá mais valor ao que é material do que ao que é eterno. Esses indivíduos gostam de ouvir o que Deus tem a dizer, porém somente no que diz respeito a receber algo dele. Quando escutam testemunhos, afirmam: "Eu quero esse Deus que abençoa, faz prosperar, acrescenta, soluciona e enriquece". Se, por outro lado, lhes propomos assumir um compromisso de vida com Jesus, eles não querem.

Como são movidos por ganância, os tais trocam a condição de experimentar o sobrenatural de Deus por aquilo que ele pode dar. Essa gente olha para a fé, para a igreja, para a mensagem do evangelho somente em busca de uma oportunidade de extrair recursos. Para eles, a fé é *business*. Pode haver ruína espiritual pior do que enxergar o todo-poderoso Deus do Universo apenas como alguém capaz de proporcionar um bom negócio?

Ao falar de gente assim, é inevitável lembrar-se de pregadores que sobem ao púlpito para pregar o evangelho pensando em quanto vão ganhar de oferta. Também lembro-me de pessoas que dão testemunhos de vida não para a glória de Deus, mas de olho no dinheiro que receberão da igreja. Penso, ainda, em empresários que estão no mercado cristão, fornecendo produtos para o mercado evangélico, sem nenhum compromisso com Jesus e exclusivamente com intenções financeiras. É impossível não lembrar-se de políticos que só procuram a igreja em época de campanha eleitoral, gente que quer o voto do cristão, mas não deseja nenhum compromisso com a essência do evangelho.

Aqueles soldados nos fazem pensar em gente avarenta, que professa a fé em Jesus, mas ainda não entendeu nada. São pessoas que não conseguem pôr a mão no bolso para dar uma cesta básica a uma família necessitada, abrir o armário e tirar uma roupa para ajudar um pobre que está tremendo de frio. Indivíduos como esses dizem que amam a Deus, mas não conseguem amar o próximo que está passando necessidade. Essa gente está na igreja, mas transforma dinheiro em ídolo escondido.

O materialismo e a idolatria ao dinheiro levam qualquer pessoa à ruína espiritual. Só a restauração pela graça é capaz de oferecer um futuro de paz na presença de Deus.

## Segundo grupo: os escarnecedores e irreverentes

O evangelho de Mateus apresenta um segundo grupo de pessoas que tiveram a oportunidade de ser restauradas pela graça, mas preferiram seguir outro caminho: o dos escarnecedores e irreverentes. O texto diz:

> O povo que passava por ali gritava insultos e sacudia a cabeça, em zombaria: "Você disse que destruiria o templo e o reconstruiria em três dias. Pois bem, se é o Filho de Deus, salve a si mesmo e

> desça da cruz!". Os principais sacerdotes, os mestres da lei e os líderes do povo também zombavam de Jesus. "Salvou os outros, mas não pode salvar a si mesmo!", diziam. "Quer dizer que ele é o rei de Israel? Que desça da cruz agora mesmo e creremos nele! Ele confiou em Deus, então que Deus o salve agora, se quiser. Pois ele disse: 'Eu sou o Filho de Deus'." Até os criminosos que tinham sido crucificados com ele o insultavam da mesma forma.
>
> Mateus 27.39-44

Assim como foi com os soldados romanos, esse grupo esteve extremamente perto da graça, escutou a mensagem do evangelho, ouviu Jesus afirmar ser o Filho de Deus e teve a chance de ouvir do próprio Senhor que havia um reino para os salvos. Porém, infelizmente, essas pessoas escolheram o caminho do escárnio.

Para os escarnecedores e irreverentes, tudo o que Deus é e faz, tudo o que está envolvido com o nome de Deus é motivo de piada e hostilidade. Esses indivíduos gostam de falar contra as obras de Deus e contra os filhos de Deus, sem perceber que estão escarnecendo do próprio Deus. Todos já vivenciamos experiências em que pessoas se levantam contra nós pelo simples fato de termos fé em Jesus.

> *Os escarnecedores e irreverentes observam nossas lutas não na expectativa de nos estender a mão em auxílio, mas para poder nos questionar: "Onde está o seu Deus?". [...] Essa gente critica a obra do Espírito Santo e se levanta contra ela. São pessoas em ruínas espirituais, desesperadamente necessitadas de salvação pela graça.*

Os escarnecedores e irreverentes observam nossas lutas não na expectativa de nos estender a mão em auxílio, mas para poder nos questionar: "Onde está o seu Deus?". "Você não tem ido à igreja, não está buscando ajuda divina? E onde está o seu Deus agora? Olhe a luta pela qual você está passando! Onde esse Deus age? Que resposta ele dá? O que ele muda em sua vida, se você está sempre na mesma situação?". Essa gente critica a obra do Espírito Santo e se levanta contra ela. São pessoas em ruínas espirituais, desesperadamente necessitadas de salvação pela graça.

É triste perceber que muitos cristãos também podem acabar fazendo parte desse grupo. As nossas atitudes, a nossa postura e as nossas decisões são capazes de nos transformar em escarnecedores e irreverentes, em especial quando nos aproximamos do altar com as mãos sujas pelo pecado. É o pregador que sobe ao púlpito estando em prática constante de transgressões; é o adorador que ousa erguer a um Deus vivo as mãos que deveriam ser santas estando em pecado não confessado. Isso é escarnecer do nome de Deus e do evangelho.

Viver pecando e ocultando o pecado e ir ao culto como se nada tivesse acontecido é um escárnio pior do que aquilo que encontramos fora da igreja, algo malcheiroso para Deus. Se você faz a obra de Deus relaxadamente, após ter recebido unção, talentos e um ministério, está escarnecendo dele. Isso é brincar com a santidade do Senhor! Lembre-se: "Não se deixem enganar: ninguém pode zombar de Deus. A pessoa sempre colherá aquilo que semear" (Gl 6.7).

Os escarnecedores e irreverentes precisam desesperadamente da restauração que só ocorre mediante a graça de Deus.

## Terceiro grupo: os impressionados

O rei Herodes simboliza o terceiro grupo de pessoas que tiveram a oportunidade de ser restauradas pela graça, mas a recusaram: o dos impressionados, mas indecisos. Herodes viveu nos dias de Cristo. Ele ouviu a pregação de João Batista e conheceu Jesus. Sendo a autoridade que era, poderia ter chamado Jesus para conversar, com livre acesso à mensagem da salvação pela graça, mas não fez isso. O evangelista Marcos registrou:

> Quando Herodes ouviu falar de Jesus, disse: "João, o homem a quem decapitei, voltou dos mortos!". O rei havia mandado prender e encarcerar João para agradar Herodias. Ela era esposa de seu irmão, Filipe, mas Herodes tinha se casado com ela. João dizia a Herodes: "É contra a lei que o senhor viva com a esposa de seu irmão". Por isso Herodias guardava rancor de João e queria matá-lo, mas não podia fazê-lo, pois Herodes o respeitava e o protegia, sabendo que ele era um homem justo e santo. Herodes ficava muito perturbado sempre que falava com João, mas mesmo assim gostava de ouvi-lo.
>
> Marcos 6.16-20

O texto deixa claro que Herodes se impressionou com a mensagem do evangelho de Cristo. Ele ouvia as palavras de João Batista e temia, se assustava, escutava de bom coração. Herodes não desprezava as mensagens de Deus; ele as levava a sério. Quando o profeta falava, ele escutava, porque sabia que aquilo vinha de Deus. Porém, embora ouvisse de bom coração, a graça não encontrou espaço para penetrar em sua vida e restaurá-lo de seus pecados. Sua indecisão selou sua ruína espiritual.

*Assim como Herodes, há milhares de pessoas que ficam impressionadas e emocionadas com a mensagem da graça de Deus. Elas escutam a pregação, choram e se arrepiam, mas, ao final, dizem: "Que história bonita. Fico feliz que para você ela faça bem". O evangelho não penetra no coração delas.*

Assim como Herodes, há milhares de pessoas que ficam impressionadas e emocionadas com a mensagem da graça de Deus. Elas escutam a pregação, choram e se arrepiam, mas, ao final, dizem: "Que história bonita. Fico feliz que para você ela faça bem". O evangelho não penetra no coração delas. Os integrantes desse grupo escutam, balançam a cabeça e concordam com tudo o que você diz sobre Deus, mas não vão além disso.

Desse grupo fazem parte os cristãos cauterizados pelo pecado, pessoas que já andaram com Deus, mas escolheram um caminho à margem da graça. Parece que o coração virou pedra. Os corações mais petrificados que se podem encontrar são os daqueles que conheceram o evangelho e se afastaram. Podemos convidá-los a ir à igreja; eles vão e ouvem a pregação, mas saem do santuário sem nenhuma mudança de vida. Parece que não entenderam nada. Continuam sem tomar uma decisão. Esses indivíduos veem milagres, sinais e maravilhas, têm experiências com Deus... mas seguem distantes da graça.

A Bíblia não diz que os emocionados e os impressionados herdarão o reino dos céus. Se não houver uma entrega absoluta, uma total transformação que vem pelo arrependimento dos pecados, tais pessoas continuarão desesperadamente necessitadas da restauração pela graça.

## Quarto grupo: os espectadores

O evangelho de Lucas registra o momento em que Jesus foi preso e levado à presença de Caifás, o sumo sacerdote: "Então eles o prenderam e o levaram à casa do sumo sacerdote. *Pedro o seguiu de longe*" (Lc 22.54). O que chama a atenção nesse texto é a presença do apóstolo Pedro no cenário da prisão de Jesus. Ele foi uma pessoa extremamente próxima do Senhor e aprendeu a mensagem do evangelho dos próprios lábios do Mestre. No entanto, quando Cristo foi preso, Pedro, amedrontado, o seguiu de longe. Com essa postura temporária, o apóstolo aponta para outro grupo de pessoas: o dos espectadores.

Nesse contexto, os espectadores são pessoas que gostam de assistir, de acompanhar. Eles se alegram com os eventos da igreja, gostam de perceber que a comunidade está crescendo, ficam felizes quando escutam que missionários foram enviados e novas congregações foram plantadas. Mas, embora torçam pelo crescimento do reino de Deus, essas pessoas simplesmente não participam. Elas acompanham de longe, sem se envolver, apenas observando. Muitas vezes, as ouvimos dizer coisas como: "Estou dando um tempo, já me envolvi muito com igreja e conheci os bastidores de perto. Testemunhei muitos erros de pastores. Eu amo a Deus, mas não quero nada com a igreja".

Quem está vivendo esse tipo de situação precisa de restauração. É uma vida cuja relação com o Corpo de Cristo está cheia de rachaduras, com o reboco descascado. Jesus disse: "Meu jugo é fácil de carregar, e o fardo que lhes dou é leve" (Mt 11.30). Se o seu problema com a igreja configura um fardo pesado, ele não é de Jesus, pois o Cristo afirmou que seu fardo é leve. Quem anda com Deus e se envolve na obra cheio do Espírito Santo, sente-se leve, desempenha seu papel com alegria e não se deixa afetar pelas mazelas da igreja. Os espectadores precisam com urgência da graça restauradora.

## Quinto grupo: os que se humilham

O quinto grupo de pessoas que estiveram presentes na crucificação de Cristo e receberam a oportunidade de ser restauradas pela graça é representado por um ladrão. A Bíblia registra os poucos momentos que ele compartilhou com Jesus:

> Um dos criminosos, dependurado ao lado dele, zombava: "Então você é o Cristo? Salve a si mesmo e a nós também!". Mas o outro criminoso o repreendeu: "Você não teme a Deus, nem mesmo ao ser condenado à morte? Nós merecemos morrer por nossos crimes, mas este homem não cometeu mal algum". Então ele disse: "Jesus,

lembre-se de mim quando vier no seu reino". E Jesus lhe respondeu: "Eu lhe asseguro que hoje você estará comigo no paraíso".

Lucas 23.39-43

Um ladrão! Aquele que, aos olhos humanos, menos tinha chance de conhecer a graça foi o único que olhou para ela e percebeu que dela precisava desesperadamente. Ao dizer "Jesus, lembre-se de mim quando vier no seu reino", ele revelou a percepção de que necessitava ser salvo, transformado. Aquele criminoso queria viver com Deus pela eternidade! Ao contrário dos interesseiros, dos escarnecedores e irreverentes, dos impressionados e dos espectadores, somente os que se humilham podem desfrutar ao máximo da restauração oferecida pela graça de Deus. A Bíblia é clara: "Felizes os humildes, pois herdarão a terra" (Mt 5.5).

É interessante perceber que aquele ladrão estava no estado de espírito ideal, propício para o encontro com a graça de Deus. Todos os outros que estavam no Calvário tinham em que se apoiar, a que se apegar. Ele não. Aquele criminoso estava morrendo! O que aquele homem tinha? Um futuro? Não! Ele se deu conta de que em poucas horas estaria morto. Todos os seus bens ficariam para trás e nada mais faria sentido no plano terreno. Tudo aquilo que outrora distraía a atenção do criminoso já não o influenciava mais.

*Naquele momento, o ladrão percebeu que sua vida física estava prestes a acabar e, por essa razão, ele começou a priorizar aquilo que é eterno. Aquela era a hora da transparência total, de ser e viver sem maquiagem.*

Naquele momento, o ladrão percebeu que sua vida física estava prestes a acabar e, por essa razão, ele começou a priorizar aquilo que é eterno. Aquela era a hora da transparência total, de ser e viver sem maquiagem. Não dava para disfarçar; ele não tinha tempo para argumentação.

Era impossível para ele dizer que o assunto do reino de Deus não o interessava, que ele era novo demais para se comprometer com Deus e que, talvez, dali a alguns anos ele buscaria Cristo. Não! Ele sabia que era pecador e, por isso, viu em Jesus o único caminho, a última centelha de esperança. Por isso, ele foi o único que se humilhou.

O ladrão da cruz percebeu que, para ser restaurado pela graça de Cristo, só trilhando o caminho da humildade. Por isso, ele se humilhou diante de Deus e reconheceu que precisava desesperadamente dos frutos dessa graça. O resultado? "Eu lhe asseguro que hoje você estará comigo no paraíso".

Quem encontra a graça e é transformado e restaurado por ela é aquele que se apega às promessas de Deus em humilhação sincera. A graça só restaura quem consegue dizer: "Senhor, não importa o que vai acontecer comigo, tudo agora está nas tuas mãos! Eu preciso de ti! Eu me submeto, me sujeito, me entrego!".

Com isso, conseguimos ver um ladrão — restaurado pela graça — entrar pelos portões do céu.

* * *

A que grupo você pertence? Talvez esteja buscando a Deus com sede, reconhecendo que precisa de sua graça, mas ainda não tenha provado dela. É possível que venha tentando ser um bom cristão, mas pela força do seu braço. Você talvez venha se forçando a uma restauração que só Deus pode proporcionar. Tudo o que você pode fazer é se render completamente a ele.

Lembre-se de que a graça de Deus nos basta. Sei que é dolorido descobrir que não estamos tão bem com Deus como acreditamos. A boa notícia é que as misericórdias divinas continuam se renovando! E, pela graça, Deus segue desejando transformar a sua vida. Ele quer lhe proporcionar uma experiência com a graça que salva, transforma, restaura.

Fique atento para não deixar que os cuidados com as necessidades desta vida tomem toda a sua atenção e o seu coração. Busque a Deus e não o que ele pode lhe dar e, se entender e abraçar sua graça, receberá muito mais dele. Ao fazer isso, você descobrirá que nunca mais terá coragem de escarnecer as coisas de Deus. Se você descobriu que lágrimas emocionadas não o aproximaram da graça e que de nada adianta acompanhá-la de longe, renda-se! Arrependa-se dos seus pecados, confesse Jesus como Senhor e Salvador de sua vida e mergulhe fundo no oceano da graça divina!

Renda-se! Renda-se completamente a essa graça! Não vale a pena lutar com Deus. Humilhe-se e, sem resistência, rasgue-se diante do altar. Abra seu coração e, assim, conhecerá essa graça maravilhosa. Como aquele ladrão que foi crucificado ao lado da Graça personificada, humilhe-se e reconheça os seus erros. A graça é tudo de que você precisa! Ela lhe basta! Receba a graça de Deus e conheça a restauração eterna que só ela pode proporcionar!

## ORE COMIGO

*Pai, eu recebo a tua graça porque sei que ela me basta. Eu recebo o perdão dos meus pecados, o teu grande amor e a tua salvação eterna. A partir de hoje, minha vida nunca mais será a mesma, porque ela está em tuas mãos. Eu creio que Jesus é o Filho de Deus que morreu na cruz do Calvário, ressuscitou e hoje está vivo. Vivo! Ele é meu Senhor e Salvador e, por intermédio dele, me achego a ti, com confiança e ousadia. Que a tua graça apague as minhas transgressões e me restaure por inteiro. Em nome de Jesus. Amém.*

# 5

## Tão somente creia

### Restauração da fé

A Bíblia diz que sem fé é impossível agradar a Deus (Hb 11.6). Entre as frases mais importante de Jesus estão: "Seja feito conforme a sua fé" e "Sua fé a curou". Muitas foram as vezes em que ele expressou alegria quando encontrou fé. Precisamos crer nisso, porque é palavra de Cristo, que revela o coração, a essência de um relacionamento verdadeiro com nosso Senhor. Será que temos fé suficiente? Jesus perguntou: "quando o Filho do Homem voltar, quantas pessoas com fé ele encontrará na terra?" (Lc 18.8). Ele não se questionou se encontraria amor, esperança, uma bela obra social ou igrejas na terra. Não, nada disso. Pois tudo isso é consequência da fé. Tudo nasce na fé, tudo acontece na fé, pela fé, por meio da fé.

Um dos principais desafios de Jesus em seu ministério terreno foi escolher e preparar um time de pessoas capazes de continuar a sua obra. Um dos maiores desafios de Cristo foi promover fé em seus discípulos a ponto de transformá-los em homens que caminhavam na dimensão do sobrenatural. Eram doze homens naturais que nada entendiam de poder de Deus, do mundo espiritual e dos segredos do reino dos céus, mas Jesus queria transformá-los em homens completamente sobrenaturais, que viveriam pela fé e transformariam o curso da história da humanidade. Jesus desejava levá-los a um nível de fé em que a confiança em Deus seria absoluta.

Onze daqueles homens — excluindo Judas Iscariotes — seriam enviados em nome dessa fé e, depois, perseguidos, questionados e, na maioria, martirizados. Por essa razão, Deus desejava formar em cada discípulo um espírito inabalável, que os fizesse confiar nele em todas circunstâncias, em todos momentos, em todo tempo. Por isso Jesus fez tantos milagres, porque essas manifestações sobrenaturais edificam a fé. Quando uma pessoa vê um enfermo ser curado milagrosamente, ela compreende que Deus age quando e como quer. Se você testemunha um evento sobrenatural, é normal que pense: "Se Deus faz isso, nunca mais duvido de nada. Nunca mais precisarei temer, assustar-me ou duvidar, porque ele é poderoso para fazer qualquer coisa".

Nossa fé não pode se limitar à salvação. Cremos em Deus para a vida eterna, mas temos muita dificuldade de crer nele quando o assunto é sua manifestação sobrenatural na terra. A boa notícia é que Deus ajuda a aumentar nossa fé, porque ele ainda está formando um povo cujos pensamentos, decisões e escolhas sejam permeados por essa fé. Nada será impossível se eu crer. E um avivamento legítimo só vem quando o Senhor encontra esse nível de fé na terra.

O grande problema ocorre quando nossa fé enfraquece. Como viver plenamente a vontade de Deus se nossa fé se esvaziou, mirrou? Precisamos urgentemente ter nossa fé restaurada, a fim de caminharmos com Cristo da forma que ele idealizou. Há como restaurar a fé de uma pessoa que está seca e praticamente não crê mais que para Deus nada é impossível? Sim, há. Para entendermos como, precisamos nos reportar a dois episódios da vida de Jesus, em que ele realizou o milagre da multiplicação de pães e peixes.

## Milagres extraordinários

Certo dia, uma grande multidão se reuniu para ouvir Jesus ensinar. Aquelas pessoas não tinham o que comer e, por essa razão, Jesus se compadeceu e fez um tremendo milagre: pegou sete pães e alguns peixinhos e os multiplicou, de maneira que todos comeram à vontade. Havia tanta comida que, após todos estarem saciados, os discípulos recolheram sete cestos grandes com as sobras. Jesus orientou aqueles milhares de pessoas a voltar para casa e, em seguida, subiu a bordo de um barco e atravessou o mar da Galileia rumo à região de Dalmanuta.

Alguns fariseus que estavam ali foram até Jesus e começaram a discutir com ele, exigindo que lhes mostrasse um sinal do céu. Sem atender àquela demanda, Jesus voltou para o barco e retornou para o outro lado do mar. Seus discípulos haviam se esquecido de levar comida suficiente no barco. Durante a travessia, Jesus os advertiu que ficassem atentos e tivessem cuidado com "o fermento dos fariseus e de Herodes" (Mc 8.15). Os discípulos começaram a discutir entre si, porque não tinham levado pão. Foi quando Cristo os exortou:

> Jesus disse: "Por que discutem sobre a falta de pão? Ainda não sabem ou não entenderam? Seu coração está tão endurecido que não compreendem? Vocês têm olhos, mas não veem? Têm ouvidos, mas não ouvem? Não se lembram de nada? Quando reparti os cinco pães entre os cinco mil, quantos cestos cheios de sobras vocês recolheram?". "Doze", responderam eles. "E quando reparti os sete pães entre os quatro mil, quantos cestos grandes cheios de sobras vocês recolheram?" "Sete", responderam. "E vocês ainda não entendem?", perguntou.
>
> Marcos 8.17-21

Em sua proposta de fazer os discípulos crescerem na fé, Jesus muitas vezes os confrontou, exortou e repreendeu. Nessa ocasião,

Jesus falou sobre o "fermento dos fariseus". Ele estava se referindo não a um fermento que pudesse produzir pão, mas, metaforicamente, à contaminação crescente que os comentários, as ideias e os pensamentos daqueles religiosos promoviam. É como se Jesus estivesse dizendo: "Cuidado, porque há aí um povo religioso que ama a letra, mas não entende nada do reino". Há aí uma religiosidade que mata a fé, uma contaminação que mata o sobrenatural. Pessoas que têm apego à letra e a tradições frequentemente impedem a ação do Espírito Santo. Jesus estava dizendo: cuidado, não se acheguem a isso, não se contaminem com esse fermento.

*Há aí uma religiosidade que mata a fé, uma contaminação que mata o sobrenatural. Pessoas que têm apego à letra e a tradições frequentemente impedem a ação do Espírito Santo.*

Mas os discípulos não compreenderam o ensinamento e demonstraram achar que Jesus estava se referindo à comida, a pão. É exatamente aí que vemos Jesus irritado ao extremo, pois nada irritava mais o Senhor do que a incredulidade. Por isso, ele fez um comentário que quer dizer algo como: "Que conversa é essa sobre pão? Estou falando de coisas sobrenaturais, sobre princípios do reino. Será que a ficha ainda não caiu, será que vocês ainda não entenderam nada? Será que não perceberam? O que vocês precisam para compreender o que estou dizendo?".

Foi quando Jesus trouxe à memória os milagres que havia realizado ao multiplicar pães e peixes. É interessante perceber que, de todas as dezenas, talvez centenas de milagres que Jesus havia realizado, ele cita exatamente esses dois. Por quê? Por que Jesus não disse: "Lembrem-se do dia em que transformei água em vinho" ou "Lembrem-se do dia em que curei o homem da mão mirrada"? Por que Jesus lembrou exatamente das multiplicações?

Para responder a essa questão, é importante lembrarmos que essa era a segunda vez que Jesus multiplicava pães e peixes para alimentar a multidão que o escutava. Mateus 14 diz que, imediatamente após tomar conhecimento da execução de João Batista, Jesus se retirou em um barco para um lugar deserto. Quando souberam disso, as multidões o seguiram por terra. Assim que desembarcou, Jesus viu aquela enorme quantidade de gente, no meio da qual havia muitos doentes. Compadecido, ele os curou. Ao cair da tarde, os discípulos lhe disseram que despedisse as multidões para que comprassem algo para comer, mas Jesus retrucou, solicitando que lhe trouxessem cinco pães e dois peixes. Depois de abençoar o alimento, ele o partiu, deu aos discípulos e esses entregaram a comida às multidões. Todos comeram e se fartaram. E, dos pedaços que sobraram, foram recolhidos doze cestos cheios.

Imagine a situação. Jesus havia acabado de receber a notícia de que João Batista havia sido martirizado. Ele entrou em um barco, se retirou para um canto e, de repente, multidões com todo tipo de aflição o cercaram. Eram cinco mil homens, sem contar mulheres e crianças. Entre eles possivelmente havia cegos, paraplégicos, coxos e todo tipo de gente necessitada, gritando: "Jesus, Jesus, Jesus!". De repente, ele se encheu de compaixão e começou a realizar curas. Os discípulos estavam só de camarote, acompanhando como testemunhas oculares a manifestação dos milagres.

A pergunta é: como você ficaria no lugar dos discípulos? Eu ficaria absolutamente embasbacado. "Uau! É sério? Está havendo muitas curas, muitos milagres!". Como se não bastasse, Jesus resolveu alimentar as multidões, por meio de um milagre extraordinário. Como fica o coração e a mente de um discípulo que testemunha algo dessa magnitude? Eu estaria maravilhado! Não satisfeito em alimentar aqueles milhares de pessoas, Jesus multiplicou aquele alimento a ponto de sobrarem doze cestos cheios. Aqueles homens tinham a obrigação de ficar estupefatos, de nunca mais duvidar de nada que Jesus dissesse. Uma pessoa que testemunhasse aqueles sinais deveria ter confiança inabalável, pois, depois daquilo, qualquer um saberia com toda certeza o que Deus é capaz de fazer.

Porém, Jesus conhecia o pensamento dos seus discípulos. Ele sabia o que se passava em sua mente e se deu conta de que a fé deles ainda não estava no ponto desejado. A mensagem dos milagres ainda não havia penetrado os corações, pois não tinha sido totalmente compreendida. Eu imagino Jesus olhando nesse momento para os discípulos e pensando: "O que vou ter de fazer para que esses homens rompam em fé?". Talvez tenha sido essa a motivação que o levou a realizar, em seguida, algo extraordinário e espetacular:

> Logo em seguida, Jesus insistiu com seus discípulos que voltassem ao barco e atravessassem até o outro lado do mar, enquanto ele despedia as multidões. Depois de mandá-las para casa, Jesus subiu sozinho ao monte a fim de orar. Quando anoiteceu, ele ainda estava ali, sozinho.
>
> Enquanto isso, os discípulos, distantes da terra firme, lutavam contra as ondas, pois um vento forte havia se levantado. Por volta das três da madrugada, Jesus foi até eles, caminhando sobre as águas. Quando os discípulos o viram caminhando sobre as águas, ficaram aterrorizados. "É um fantasma!", gritaram, cheios de medo. Imediatamente, porém, Jesus lhes disse: "Não tenham medo! Coragem, sou eu!".
>
> Então Pedro gritou: "Se é realmente o senhor, ordene que eu vá caminhando sobre as águas até onde está!".
>
> "Venha!", respondeu Jesus.
>
> Então Pedro desceu do barco e caminhou sobre as águas em direção a Jesus. Mas, quando reparou no vento forte e nas

ondas, ficou aterrorizado, começou a afundar e gritou: "Senhor, salva-me!".

No mesmo instante, Jesus estendeu a mão e o segurou. "Como é pequena a sua fé!", disse ele. "Por que você duvidou?"

Quando entraram no barco, o vento parou. Então os outros discípulos o adoraram e exclamaram: "De fato, o senhor é o Filho de Deus!".

Mateus 14.22-33

Alguém poderia glorificar a Deus diante desse fato, imaginando que, agora, os discípulos estavam prontos, com fé suficiente para sair pelo mundo produzindo sinais, coisas iguais ou maiores às que Jesus fez. O que Jesus faria, eles poderiam ser capazes de fazer também. Após ver duas pessoas andarem sobre as águas, eles estavam prontos, certo? Não. Ainda não. O Evangelho de Marcos relata o mesmo episódio, mas com uma informação a mais: "Os discípulos ficaram admirados, pois ainda não tinham entendido o milagre dos pães. O coração deles estava endurecido" (Mc 6.51-52). Como pode alguém, depois de testemunhar tudo aquilo, estar com o coração endurecido, mesmo tendo contemplado tantas maravilhas?

## Coração endurecido

Muitas pessoas, em nossos dias, por mais que vejam e contemplem a glória de Deus e a manifestação do seu poder, continuam com o coração endurecido. Muitos estão sendo preparados pelo Senhor Jesus, mas ainda não conseguiram romper em fé. Seu coração ainda está endurecido e, por isso, não compreenderam nada. Creem que Deus pode operar milagres, mas só na vida dos outros. Têm facilidade em aceitar sinais e maravilhas como manifestação de Deus para a multidão, mas não confiam suficientemente nele, pois não acreditam que fará o mesmo por eles. Quando chega a sua hora, algo parece estar faltando. Assim como foi com os discípulos, Jesus encontra neles um coração endurecido, calejado.

Sabemos que nossa fé precisa ser restaurada quando cremos que Deus faz maravilhas, acreditamos em todos os milagres da Bíblia de todo o nosso coração, mas, quando é conosco, ficamos incrédulos. Quando é uma manifestação da graça sobre nossa vida, travamos. Esse era exatamente o problema dos discípulos. E, assim como eles, nós podemos nos tornar pessoas de coração endurecido, o que muito enfraquecerá a nossa fé.

*Sabemos que nossa fé precisa ser restaurada quando cremos que Deus faz maravilhas, acreditamos em todos os milagres da Bíblia de todo o nosso coração, mas, quando é conosco, ficamos incrédulos.*

Como é possível que isso aconteça? Muitas vezes, isso ocorre porque passamos meses, talvez anos, orando, buscando a Deus, jejuando, crendo que receberíamos aquela bênção de que tanto precisávamos. Você acreditou de todo o coração, esperou no Senhor, fez tudo certinho, depositou toda a sua fé e, de repente, suas expectativas são frustradas. A partir de então, começa sua dificuldade de crer nos milagres de Deus quando o assunto é você. O ponto é que você não compreende que, mesmo não lhe tendo dado o que você queria, Deus agiu em sua vida.

"Eu orei pedindo a Deus que me tirasse do deserto, mas ele não tirou", você pode dizer. Talvez isso tenha acontecido porque Deus queria quebrar seu orgulho e transformá-lo em uma pessoa humilde, a quem ele pudesse usar. Deus tinha um propósito no deserto para você. Muitos oram por cura, mas não veem ninguém ser curado; outros pedem um emprego, mas continuam desempregados. Tudo isso endurece o coração. Você não abandona Deus, mas o coração fica calejado. É justamente nessa hora que o cristão entra em crise.

Quando o coração endurece, a tendência é não crer, não pregar, não falar em milagres, não citar o sobrenatural de Deus. O cristão de coração duro tende a trilhar um caminho racional, humanístico, natural. Ele acredita em todos os milagres mencionados no Antigo e no Novo Testamento, mas os milagres de hoje lhe parecem ficção. O cristão de coração endurecido valoriza muito a sabedoria humana e pouco ou nada a demonstração de poder. A questão é que o apóstolo Paulo disse: "Em vez de usar argumentos persuasivos e astutos, me firmei no poder do Espírito. Agi desse modo para que vocês não se apoiassem em sabedoria humana, mas no poder de Deus" (1Co 2.4-5).

A sua vida revela o poder de Deus? As pessoas olham para você e ficam com vontade de conhecer o seu Deus porque você anda em uma dimensão sobrenatural, porque ora e sua oração é respondida? Se não, é porque seu coração ainda está endurecido e, consequentemente, sua fé precisa de restauração imediata. Dureza de coração cria um "Deus" que opera apenas para multidões de outros, mas não para o *eu*. Milhares de pessoas que comparecem aos cultos nas igrejas estão completamente exaustas, prestes a cair, presas a um fiozinho de fé.

É o seu caso? Você se envolve, trabalha na obra, alimenta os outros, confia em Deus, mas vive cheio de dúvidas e incertezas? Se é o seu caso, saiba que Deus o está chamando para um novo nível de fé, uma nova dimensão, uma nova caminhada. Ele quer fazer algo novo na sua vida. O cristão que não cresce na fé fica estagnado, entra em um ciclo de paralisia sufocante e morre espiritualmente. Mas Deus quer restaurar a sua fé, porque Cristo precisa encontrar fé na terra.

Deus chama você a se lembrar dos pães e peixes que ele multiplicou em sua vida, de sua compaixão, do seu grande amor por você. Confie. Confie na compaixão divina. É como se Jesus estivesse lhe dizendo: "Eu curo o povo, mas curo você também.

Eu abençoo o povo, mas abençoo você também. Eu supro as necessidades materiais do povo, mas supro as suas também. Eu guardo o povo, mas guardo você também. Eu protejo o povo, mas protejo você também. Eu prospero e sustento o povo, mas prospero e sustento você também. Eu me revelo ao povo, mas antes eu me revelo a você". Entenda que, se Deus pode operar milagres para Elias, Moisés, Eliseu, Paulo, Pedro e João, ele também pode realizar os mesmos milagres na sua vida!

Deus quer restaurar a sua fé, pois um coração duro não consegue ver a glória divina nem ser canal para a realização de milagres. Ele o conhece e o ama, e nunca desprezará um coração sincero. Deus nunca vai fingir que não escutou o seu clamor. A sua oração vai alcançar o coração de Deus. Ele tem muito mais para a sua vida.

*Deus quer restaurar a sua fé, pois um coração duro não consegue ver a glória divina nem ser canal para a realização de milagres.*

Deus não precisa em nossos dias apenas de pessoas comprometidas, corretas, cheias de princípios e valores, com bons testemunhos. Isso é o mínimo que podemos oferecer a ele. Deus quer muito mais; quer formar pessoas com uma fé inabalável! Quando sua fé for restaurada, o furacão pode soprar, a tempestade chegar e a perseguição se manifestar, mas você será dos que não voltarão atrás, sem temer, operando sinais e maravilhas, caminhando na dimensão do sobrenatural. Deus quer homens e mulheres que levem as pessoas a um nível sobrenatural de fé, que reproduzam a vida que há em Jesus Cristo.

Em nossos dias, o mundo tem de olhar para a Igreja e perceber que Deus está vivo! Jesus Cristo está vivo! E você foi escolhido para essa missão. É preciso haver um avanço com base na fé, no sobrenatural. Deus tem escutado o seu clamor e quer restaurar a sua fé. Do que você precisa?

*Tão somente crer.*

## ORE COMIGO

*Pai querido e amado, responde ao meu clamor! Restaura a minha fé, para que eu seja cheio de tua alegria, tua paz, teu amor e tua presença. Que minha fé seja alavancada a um novo nível e, assim, eu possa produzir grandes coisas por meio dela. Realiza, Pai, sinais e maravilhas por meio de minha fé. Enche meu coração de alegria e os meus lábios de motivo de louvor. Edifica-me, faze-me crescer em fé. Que eu veja o sobrenatural! Que minha fé seja canal para que produzas grandes coisas! Eu quero romper em fé! Em nome de Jesus. Amém.*

# 6

## Olhe para seu futuro glorioso

### Restauração após a provação

No século 6 a.C., a Babilônia atacou o reino de Judá. Após um cerco desumano a Jerusalém, os exércitos de Nabucodonosor deixaram a cidade desolada. O magnífico lugar onde a glória de Deus se manifestara antes fora destruído, e a assolação veio sobre a terra da promessa:

> [O] exército [de Nabucodonosor] queimou o templo de Deus, derrubou os muros de Jerusalém, queimou todos os palácios e destruiu tudo que era de valor. Os poucos habitantes que sobreviveram foram levados para o exílio na Babilônia e se tornaram servos do rei e de seus filhos, até que o reino da Pérsia conquistou o poder.
>
> 2Crônicas 36.19-20

Os judeus que sobreviveram ao cerco de Jerusalém foram presos, acorrentados como escravos e enviados para a Babilônia, a uma distância de mais de 1.300 quilômetros. Sob o domínio de Nabucodonosor, os judeus viveram como centenas de anos antes, no Egito, escravos de um poder estrangeiro. Deus, porém, não se esquecera deles. Ele tinha um propósito e um plano.

Houve um rei chamado Ciro, que governou os persas, e outro rei, Dario, que governou os medos, seus vizinhos. As duas nações eram aliadas, mas, como o exército persa era o maior deles, os dois países eram chamados simplesmente de "reino da Pérsia". Os medos ocupavam o atual Azerbaijão, e os persas, o Irã. Os medos e persas invadiram a Babilônia e a dominaram, forçando o império babilônico a se render.

O rei Ciro era pagão, mas, ainda assim, foi um instrumento nas mãos de Deus. Isso mostra que, não importa quem está na liderança, Deus tem tudo e todos sob seu controle. Deus não limita seu agir, mas usa quem quer como quer. Ele opera na vida e na mente de quem bem entender.

Deus move o coração dos reis, como fez com Ciro. O plano divino era levar os judeus de volta à sua terra. Ciro enviou, para todo o reino, um decreto por escrito, que dizia: "O SENHOR, o Deus dos céus, me deu todos os reinos da terra. Ele me encarregou de construir para ele um templo em Jerusalém, na terra de Judá. Quem pertence ao povo dele, volte para realizar essa tarefa. E que o SENHOR, seu Deus, esteja com vocês!" (2Cr 36.23).

O livro bíblico de Esdras registra como o templo foi reconstruído em Jerusalém, e o livro de Neemias mostra como foi a reconstrução do muro. A cidade ficara sem proteção por noventa anos, até Neemias ser comissionado por Deus para realizar esse megaprojeto de restauração. Ao fim do cativeiro do povo de Judá na Babilônia, Neemias se levantou com autoridade de Deus, a fim de reconstruir a muralha. Porém, não demorou muito tempo para que povos que viviam ao redor reagissem, em oposição à reconstrução. O próprio Neemias narra o que aconteceu:

> Sambalate ficou furioso quando soube que estávamos reconstruindo o muro. Indignou-se e zombou dos judeus. Disse na presença de seus companheiros e dos oficiais do exército samaritano: "O que esse punhado de judeus fracos pensa que está fazendo? Imaginam

que serão capazes de construir o muro em um dia só porque ofereceram alguns sacrifícios? Pensam que podem fazer algo com as pedras queimadas que tiraram de um monte de entulho?".

Neemias 4.1-2

Em outras palavras, o que aquele inimigo dos israelitas estava dizendo era algo como: "Será que esses coitados vão conseguir reconstruir esse muro com pedras que já foram destruídas? Será que eles conseguem ressuscitar pedras de construção daqueles montes de entulhos, de pedras queimadas?". O muro havia sido derrubado e incendiado pelos babilônicos. Então, a reconstrução teria por base uma matéria-prima que aparentemente não servia para mais nada. Eram pedras demolidas, chamuscadas, imprestáveis. Por isso, os inimigos do povo de Deus escarneceram de Neemias.

## Pedras queimadas

Muitas pessoas hoje escutam esse mesmo eco de acusação intimidadora: "Você? Você não. Você foi destruído, você é uma pedra queimada. Restauração? Reconstrução? Restituição? Com você? Não, você falhou. A sua vida está marcada. Como você vai pensar em ajudar alguém? Você é uma pedra queimada, não há mais nada a ser feito, você fracassou. Quer ensinar, quer ministrar? Vai ensinar o quê? Vai ensinar como fracassar, como cometer erros? Não. Você não. Você é razão de deboche, de escárnio. Você é o resto, a sobra, a memória de algo que já foi importante, que já mostrou função e razão de ser. Você tentou ter um ministério, mas falhou, se frustrou, foi ferido, traído. Você prometeu a si mesmo que nunca mais se exporia, se feriria. Você é uma pedra queimada. Fique no seu cantinho. Hoje você está chamuscado, fadado à destruição. Nem tente, não vai dar certo, você não cabe mais naquele muro. Deus vai levantar um muro com pedras novas. Você já foi destruído. Esqueça, não haverá restauração".

Mentiras são só mentiras! É difícil ter de lidar com as vozes que falam ao nosso coração, pois elas nos confundem nos perseguem. Muitas vezes, elas nos perturbam, roubam nossa paz e nossos sonhos e produzem uma insegurança terrível. Essas vozes fazem crescer os medos e, diante deles, não sabemos em que acreditar ou confiar. Há uma batalha sendo travada em nossa mente. Você precisa escolher em que vai acreditar, isto é, o que permitirá influenciá-lo e determinar o curso de sua vida.

*Há uma batalha sendo travada em nossa mente. Você precisa escolher em que vai acreditar, isto é, o que permitirá influenciá-lo e determinar o curso de sua vida.*

Quem determina seu futuro? Satanás e suas mentiras ou Deus e suas promessas? Muitas vezes nos deixamos levar por frases mentirosas, sussurradas em nossa mente em primeira pessoa para acreditarmos que aqueles pensamentos são nossos. Satanás vem e diz: "Meu casamento está um lixo". Aí você reproduz esse pensamento: "É... meu casamento está um lixo, meu marido não me aprova, minha família será destruída. Ele não me quer mais. Isso não está dando certo, não adianta insistir. Eu já fali como família. Eu sou hoje uma pedra queimada". Em seguida, o diabo vem e sussurra: "A minha vida é horrível". Se não há discernimento espiritual, você sai multiplicando esse pensamento: "É... a minha vida é horrível, eu preferia não ter nascido a ter de lidar com o que estou vivendo".

Satanás vem e tenta convencer você de que não vale a pena se relacionar em amor porque, afinal, as pessoas são falsas e traidoras. E, se não há uma revelação espiritual, você acaba se convencendo de que isso é verdade. "As pessoas são falsas, eu não quero me relacionar, quero me preservar. Vou ficar na minha e me manter isolada. Não quero envolvimento, não quero participação". Ou o diabo vem e, com sutileza, sopra: "Não vai dar certo, você não terá mais chances, sua pedra queimada". Se não há sensibilidade do Espírito, sua mente é condicionada a crer: "Sim... eu tive minha chance, mas não deu certo. Agora, eu quero viver na caverna. Se alguém vier me visitar, diga que não estou". Às vezes, é mais fácil acreditar em mentiras, porque elas não exigem posicionamento. Inverdades o incentivam a ficar largado na cova em que escolheu se esconder. As mentiras não o chamam para a mudança, mas o deixam na zona de conforto.

Mas você precisa escolher entre as mentiras do diabo e a voz de Deus.

Todo cuidado é pouco nessa hora. Cuidado com as sentenças, os vereditos, as palavras que vêm para sitiá-lo e limitá-lo. Chega! Cuidado com o que diz! Sentenças, na maioria das vezes, são mentirosas. Se as sentenças lançadas sobre sua vida não condizem com aquilo que a Bíblia diz a seu respeito, elas nada mais são do que mentiras. E mentiras são só mentiras! Se eu acredito em mentiras, a minha vida espiritual é paralisada.

## Reconstruindo as muralhas

Os capítulos 3, 4 e 5 de Neemias descrevem a reconstrução dos muros após a provação pela qual Judá passou. Apesar das grandes dificuldades e dos inimigos, os israelitas conseguiram terminar a obra. Deus disse: "Pode a mãe se esquecer do filho que ainda mama? Pode deixar de sentir amor pelo filho que ela deu à luz? Mesmo que isso fosse possível, eu não me esqueceria de vocês! Vejam, escrevi seu nome na palma de minhas mãos; seus muros em ruínas estão sempre em minha mente" (Is 49.15-16). O que Deus estava dizendo a seu povo é: "Sua vida é como os muros, continuamente perante mim. Gravei sua vida em minhas mãos". Assim, os muros estavam para Jerusalém como nossa vida está para Deus.

No entanto, as nossas decisões em meio à provação podem nos levar à ruína espiritual. Se nos tornarmos negligentes, corremos o risco de comprometer os muros. Deus nos leva a reconstruir. Ele tenta ao máximo chamar nossa atenção para a condição de nossa muralha, mas, algumas vezes, escolhemos fingir não ouvir o que ele está dizendo. Quando a natureza carnal prevalece, quando a vontade não foi crucificada, ouvimos apenas o que nos convém.

É possível que, assim como foi com Jerusalém, o muro de sua vida espiritual, que o protege e defende, tenha sido derrubado. Nossas ações são como sementes plantadas: se plantarmos pecado e transgressão, o fruto será morte. Se somos superficiais em relação a Deus, a tendência é não o levarmos muito a sério. Se essa é sua atitude, o inimigo está acampado em seu coração. Seus muros caíram. No início, um pedaço de pedra ou de alvenaria se desprendeu. Depois, surgiu uma rachadura. Em seguida, apareceu um buraco. Por causa de mais negligência, as ervas daninhas da carnalidade começaram a crescer pelo muro. Com o passar do tempo, o inimigo obteve acesso livre à sua vida. Pouco a pouco, pedaço por pedaço, o muro ruiu.

*Quando, como Neemias, você decide que é necessário restaurar, precisa saber o que realmente isso significa. Trata-se de ouvir Deus falar e deixar-se convencer pelo Espírito.*

Quando, como Neemias, você decide que é necessário restaurar, precisa saber o que realmente isso significa. Trata-se de ouvir Deus falar e deixar-se convencer pelo Espírito. E, se as muralhas foram destruídas e queimadas em meio à provação, num quadro de desolação aparentemente irrecuperável, a restauração se dará com tijolinho em cima de tijolinho, e não de uma hora para outra.

Essencial nesse processo é a oração. Essa foi a primeira ação de Neemias ao tomar conhecimento da condição dos muros. Em seguida, ele teve de esperar. Após orar, Neemias precisou aguardar quatro meses sem que nada acontecesse. Você sabe como essa espera pode ser frustrante em meio a uma provação, mas, quem sabe depender da oração aprende depressa a ter paciência para esperar. Era justamente o que Neemias estava fazendo — esperando.

Sem muralhas, somos como uma cidade desprotegida. Muros nos separam de nossos inimigos e dos saqueadores. Atitudes como egoísmo, falta de disciplina, procrastinação, imoralidade, falta de tempo para Deus, rebeldia, desobediência e pecado são rachaduras que, se não forem identificadas e sanadas a tempo, põem o muro abaixo. É hora de olhar para as ruínas e começar a reconstruir.

## Amor implacável

Quantas pessoas você conhece que têm um chamado, ou até você mesmo, porém estão queimadas emocionalmente, derrubadas por alguém em quem confiaram, talvez até pelo próprio líder? Foram anos investidos em um relacionamento tão somente para que o fim fosse de desilusão, desapontamento e tristeza. Por causa de toda a mágoa e toda a decepção decorrentes desse episódio, agora você acredita que Deus nunca mais vai usá-lo ou que, no máximo, vai lhe dar qualquer funçãozinha, diferente daquilo que ele havia originalmente planejado. "Nunca mais será a mesma coisa", você pensa, "nunca mais terei a mesma unção e a mesma autoridade espiritual".

O que mais vemos hoje nas igrejas são pedras queimadas, destruídas pelo autoritarismo de um líder ou pela fofoca dos irmãos. São pedras queimadas pela hostilidade encontrada dentro da própria comunidade, por injustiças ou perseguições. Essas pessoas não veem um caminho, não acreditam que Deus pode mudar algo em sua história e restaurar sua reputação. E isso porque estão acreditando em mentiras.

Mas, então, chega um arquiteto, especialista em restaurar e reconstruir, que enxerga o que ninguém mais enxerga, olha para sua provação e aquela pedrinha queimada que todo mundo já sentenciou negativamente e diz: "Vou restaurá-la, e você fará parte de novo do muro". Isso é o amor de Deus! Um Deus que ama com amor eterno, implacável, infalível! Um Deus que não desiste! Um Deus que não mudou de ideia a seu respeito, se você estiver arrependido de suas escolhas equivocadas. Ainda que a mãe desistisse de seu filho, Deus nunca desistiria do seu!

Em certa ocasião, fui surpreendido por um amor implacável. Fui arrebatado por uma cólica renal daquelas que, fazendo drama agora, lhe dão a certeza de que você vai morrer. Logo cedo, comecei a sentir umas pontadas, a me contorcer na cama, a gritar e urrar. Tomei uns quatro Buscopan, orei, chorei, meditei, pedi perdão pelos pecados, fiz de tudo... mas aquela maldita dor não passava. Só quem teve uma cólica renal sabe o que isso significa. Foi quando olhei para meu filho Rininha, então com 6 anos, e disse, aumentando o drama: "Olha, estou sofrendo, acho que vou morrer". Sabe o que ele fez? Disse: "Vou fazer de tudo para salvar você, porque você é meu pai". Ele foi ao armário, pegou uma bolinha de algodão, subiu na cadeira, abriu a torneira, molhou a bolinha e começou a espremê-la em cima de mim. Não sei o que ele achou que isso poderia trazer de cura, mas ele passava algodão em mim e me molhava. Pegou meu aparelho de aferir pressão, colocou-o em mim e começou a apertar os botões. "Vê a sua pressão, pai, vou fazer de tudo para *te* salvar, porque você é meu pai". Isso é um tipo de amor muito parecido com o de Deus: ele vai fazer de tudo para salvá-lo!

A pedra queimada sempre acha que não vai se recuperar após a provação. Se você acreditar nisso, não vai mesmo. Ouço muitas pessoas nessa situação que me dizem: "*Ah*, não depende de mim, já não está em minhas mãos, eu fui mal interpretada, injustiçada. Tentei me aproximar dos meus líderes, mas fui rejeitada, estou sendo acusada injustamente. Fui traída, caluniada, enganada". Se você se sente hoje como uma pedra queimada, saiba: há um caminho para sua vida. Sim, há um caminho divino para as pedras queimadas após a provação. Há um futuro glorioso.

*Se você se sente hoje como uma pedra queimada, saiba: há um caminho para sua vida. Sim, há um caminho divino para as pedras queimadas após a provação. Há um futuro glorioso.*

Em Números 5.11-22, a Bíblia diz que, nos tempos após o Êxodo, se um homem suspeitasse que sua mulher estava em adultério, mas não tivesse provas, ele a levava perante o sacerdote, que dava a ela um copo com água suja para beber. E a mulher era obrigada a beber dessa água amarga. Se ela fosse culpada, ficaria doente e se tornaria maldita aos olhos do povo. Se fosse inocente, o Senhor Deus a recuperaria e exigiria de todos o reconhecimento de sua integridade. Era preciso se colocar completamente na dependência de Deus para se submeter a uma prova daquelas. O pensamento era algo como: "Ao beber desse copo de água suja, chamarei a justiça do reino para a minha causa. Se eu for culpada, que então eu fique infectada, seja declarada maldita e a própria mão de Deus me julgue. Se eu for inocente, que o Senhor julgue minha causa e haja restituição e restauração após a minha provação".

Se você escolhe exercer justiça humana em sua defesa, está excluindo Deus da equação. Mas, se você depende e confia nele, a justiça divina o alcança. Perdoe para que ao seu coração não suba um sentimento de vingança, ira, tristeza, decepção e amargura. Perdoe e beba do copo, pois você não quer fazer parte do ministério diabólico de acusação, mas do ministério divino de intercessão. Seu papel é beber do copo com humildade e um coração disposto a perdoar, porque Deus é a sua justiça. Assim, haverá restauração. E, se as vozes continuarem a dizer "Será que essa pedra queimada vai ressuscitar?", Jesus lhe dirá: "Eu o ressuscito e o coloco no muro, a meu serviço".

Deus quer restaurar. Este é o tempo da restauração de Deus. Deus age em favor daqueles que nele esperam. Ele está restaurando as suas pedras que foram queimadas em meio à provação e que estão dizendo merecer estar queimadas. Deus tem os olhos postos sobre você, pedra queimada pelo pecado, pela decepção, pelo engano, pela traição, pela injustiça, pela difamação. Ele olha para as pedras que não responderam da forma correta às provas a que foram submetidas com olhar paternal, amoroso. Seu desejo é restaurar.

*Aqueles que enfrentam o calor das chamas e a dor da destruição, mas permanecem, estão sendo refinados, preparados para serem usados por Deus. E, se perseverarem, sairão da provação mais fortes, resistentes, ungidos, espirituais e maduros.*

Pedro escreveu: "E vocês também são pedras vivas, com as quais um templo espiritual é edificado" (1Pe 2.5). No reino de Deus, você é uma pedra viva! A obra que ele o chamou para fazer é sua e de ninguém mais. Quando o ferro é aquecido no fogo, ele é refinado, temperado; ganha força e resistência. Aqueles que enfrentam o calor das chamas e a dor da destruição, mas permanecem, estão sendo refinados, preparados para ser usados por Deus. E, se perseverarem, sairão da provação mais fortes, resistentes, ungidos, espirituais e maduros.

Você recebe autoridade naquilo que vence. Quando todos acharam que você iria morrer, se entregar e desistir da vida, da fé e de Deus, o Senhor vem e lhe devolve o seu lugar. Tenha fé, esperança, paciência e perseverança, porque aquele que começou a boa obra em sua vida é fiel para completá-la!

Não olhe mais para as feridas, os traumas e as marcas das setas que o atingiram. Olhe para seu futuro glorioso, para as promessas que Deus fez para a sua vida. O seu tempo está só começando. Volte-se ao seu Deus e ele promoverá a sua restauração, o seu resgate. Volte-se com o coração contrito, arrependido, peça perdão a Deus no que for preciso e seja completamente restaurado! Se o seu passado é de assolação e você hoje é uma pedra queimada pela dificuldade de superar as provações, não fique preso ao seu passado, pois o seu futuro com Cristo é glorioso.

## ORE COMIGO

*Pai, tu sabes a minha condição. Eu me achego a ti com transparência e o desejo sincero de me relacionar contigo. Peço perdão pelos meus pecados, pela indiferença, pela hostilidade, pela incredulidade. Quero entregar meu futuro em tuas mãos. Limpa meu coração e minha mente, muda a minha filosofia, mexe com os meus conceitos, transforma as minhas convicções. Pois, a partir de hoje, eu quero viver por princípios e valores espirituais. Que eu receba perdão, redenção, remissão de pecados, libertação e cura. Restaura a minha vida após tudo o que vivi, pois sei que, embora hoje eu seja uma pedra queimada, não sou descartável. Confio em ti e nas tuas promessas para minha vida. Em nome de Jesus. Amém.*

# 7

## Acredite em seu potencial

### Restauração do amor-próprio

*Potencial* é, por definição, uma habilidade adormecida, uma força que ainda não foi utilizada. Deus criou tudo com um potencial diretamente ligado ao seu propósito; portanto, se quisermos compreender qual é o potencial de algo ou alguém, precisamos primeiro saber para que propósito tal coisa ou pessoa foi criada. Exemplificando: se eu lhe der uma semente e você não souber de que planta ela é, para você ela não passa de uma semente. Agora, se eu lhe der uma semente e disser: "Aqui está um lindo pé de goiaba", o que você enxerga não é apenas aquele pequenino caroço, mas a árvore que há, potencialmente, naquela semente. Se não compreendêssemos o potencial das pequenas bolinhas que tiramos de dentro dos frutos, não as plantaríamos.

Deus criou o ser humano com potencial ilimitado, mas, frequentemente, vemos apenas a "semente" e, por isso, nosso olhar para ela é sem expectativa, entusiasmo ou perspectiva. Podemos fazer uma analogia entre esse pensamento e a parábola dos talentos. Imagine que você chega a Deus com um real na mão e lhe diz: "Pai, estou falido, só tenho um real". Ele lhe responde: "Não, você não tem só um real, tem muito mais que isso". E você, se não enxergar o potencial daquele dinheiro, retruca, teimoso: "Não, Pai, o Senhor não está entendendo, é só um real!". Deus, que conhece o potencial de tudo, insiste: "Não! Se você entendesse o potencial desse real, o aplicaria e ele se multiplicaria". Esta é a nossa ótica: "Mas, Deus, só tenho um casamentinho capenga, acabado" ou "Eu só tenho um empreguinho", afirmações que denunciam que só estamos vendo as sementes e não o que está além delas. O potencial está ligado ao propósito! Vamos ler uma passagem da Bíblia que nos permite refletir sobre essa questão:

> A mensagem da cruz é loucura para os que se encaminham para a destruição, mas para nós que estamos sendo salvos ela é o poder de Deus. Como dizem as Escrituras:
>
> "Destruirei a sabedoria dos sábios e rejeitarei a inteligência dos inteligentes".
>
> Diante disso, onde ficam os sábios, os eruditos e os argumentadores desta era? Deus fez a sabedoria deste mundo parecer loucura. Visto que Deus, em sua sabedoria, providenciou que o mundo não o conhecesse por meio de sabedoria humana, usou a loucura de nossa pregação para salvar os que creem. Pois os judeus pedem sinais, e os gentios buscam sabedoria. Assim, quando pregamos que o Cristo foi crucificado, os judeus se ofendem, e os gentios dizem que é tolice.
>
> Mas, para os que foram chamados para a salvação, tanto judeus como gentios, Cristo é o poder de Deus e a sabedoria de Deus. Pois a "loucura" de Deus é mais sábia que a sabedoria humana, e a "fraqueza" de Deus é mais forte que a força humana.
>
> 1Coríntios 1.18-25

Você consegue perceber que Paulo estava meio nervosinho quando escreveu esse texto, um pouco agressivo? Ele bateu com força nos cristãos de Corinto, uma cidade que ficava na antiga Grécia, nação cuja cultura valorizava muito o pensamento, a filosofia. A primeira impressão que dá é que Paulo estava se posicionando contra o conhecimento, a sabedoria. Mas não é isso; afinal, o próprio Paulo era um intelectual. O que ele está desafiando é a sabedoria deste mundo. O apóstolo está dizendo: "Onde estão vocês? Onde estão os sábios? Onde estão os pretensos sábios? Que sabedoria é essa que vocês alegam ter? A sua sabedoria é loucura". Paulo pegou pesado aqui.

Com base no que ele está dizendo, o que podemos compreender como "sabedoria"? Por que Deus considera loucura a sabedoria deste mundo? Porque ele considera loucura toda sabedoria que não cumpre seu propósito. Se você é alguém sábio, mas usa a sua sabedoria para arquitetar o mal, Deus olha para você e sua sabedoria e diz: "louco".

*Por que Deus considera loucura a sabedoria deste mundo? Porque ele considera loucura toda sabedoria que não cumpre seu propósito.*

Paulo, por outro lado, fala sobre uma sabedoria divina, que tem uma relação direta com a cruz de Cristo. A cruz é um enigma sobrenatural, que não pode ser desvendado por sabedoria humana; está muito além da compreensão natural. Os sistemas de pensamento racionais se atrapalham quando o assunto é Jesus Cristo, a ponto de a humanidade preferir acreditar que somos um acidente do destino, resultado de uma explosão.

Quem diria que Deus poderia usar a crucificação, a maneira mais humilhante de se morrer na história da humanidade, para trazer salvação ao mundo e redenção aos homens? Ninguém esperava por isso. Todo mundo esperava um rei de acordo com os padrões humanos. Quem diria que Deus escolheria um carpinteiro para essa missão? O mais sábio pensamento de homens é loucura para Deus e a fé dos que creem é loucura para os que não creem! Muita gente tem dificuldade de explicar para a família e para o mundo o que é sua fé em Jesus, pois, para eles, somos loucos. Era assim na época de Paulo e é assim hoje.

## Potencial plantado

Sim, você recebeu uma sabedoria que vem de Deus. Ele lhe deu um tipo secreto de sabedoria antes de você pensar em nascer. Isso significa que ele plantou potencial em seu íntimo para que você pudesse se conhecer e entender a sua finalidade, o seu propósito nesta terra e além.

Ninguém pediu para nascer, mas Deus quis que você nascesse. Ele desejou que você viesse ao mundo, cheio de um potencial que veio dele. E, quando ele lhe deu vida, pôs esse potencial dentro de você. O seu espírito veio de Deus e, com ele, essa sabedoria. Só que é uma sabedoria secreta, que deve ser descoberta, como um diamante escondido no subsolo que tem de ser encontrado. Essa escavação precisa começar.

Há riqueza em você! Você não sabe hoje quem realmente é aos olhos de Deus, pois ele o vê de acordo com o potencial que lhe deu. Há projetos de Deus em você! O salmo 139 fala sobre como Deus acompanhou nossa existência desde o ventre de nossa mãe, quando nossos tecidos estavam sendo formados, quando éramos substância sem forma.

> Tu formaste o meu interior e me teceste no ventre de minha mãe.
>
> Eu te agradeço por me teres feito de modo tão extraordinário; tuas obras são maravilhosas, e disso eu sei muito bem.
>
> Tu me observavas quando eu estava sendo formado em segredo, enquanto eu era tecido na escuridão.
>
> Tu me viste quando eu ainda estava no ventre; cada dia de minha vida estava registrado em teu livro, cada momento foi estabelecido quando ainda nenhum deles existia.
>
> Como são preciosos os teus pensamentos a meu respeito, ó Deus; é impossível enumerá-los!
>
> Não sou capaz de contá-los; são mais numerosos que os grãos de areia.
>
> E, quando acordo, tu ainda estás comigo.
>
> Salmos 139.13-18

É assim comigo; é assim com você. Deus estava ali, ao seu lado, observando-o, acompanhando-o, amando-o. O salmo diz que Deus escreveu a sua vida no livro dele, uma imagem que nos faz compreender que ele planejou antecipadamente a sua missão, a sua função, o seu lugar. Deus quis você. Ele o formou, o desejou e instilou em você um enorme potencial.

Quando eu descobri essa verdade, a minha vida mudou. Até então, eu gostava de ir à igreja, escutar a palavra e orar, mas, no dia em que descobri que Deus tinha um propósito para mim, que ele gastou tempo pensando em mim, me peguei refletindo: "O mínimo que posso fazer é me esforçar para descobrir que plano é esse. O mínimo que posso fazer é ter algum nível de interesse para descobrir que missão é essa e que interesse é esse de Deus por minha vida".

Porém, você só começa a encontrar seu potencial se vier a se conectar a Deus por meio da pregação da cruz. É preciso olhar para a cruz e entender que ela abriu o caminho e lhe deu acesso irrestrito a Deus, que aquele sangue derramado perdoa seus pecados a fim de permitir que você entre santo na presença do Pai.

A maioria das pessoas hoje vive por inércia, se acomoda e se acostuma com aquilo que lhe foi imposto, sem nunca descobrir a finalidade para a qual foi criada, sem entender seu propósito em Cristo. Você só vai entender a plenitude do propósito de Deus para a sua vida se estiver conectado a ele. E só há uma forma de fazer essa conexão de forma perfeita, um único caminho: Jesus.

*Você só vai entender a plenitude do propósito de Deus para a sua vida se estiver conectado a ele. E só há uma forma de fazer essa conexão de forma perfeita, um único caminho: Jesus.*

Como lidamos com essa história? Vamos arrancar essas páginas da Bíblia e dizer que todos os caminhos nos conectam a

Deus? Se eu quero o Deus da Bíblia, tenho de acreditar nela. Quando você descobre Jesus, o único caminho, começa a escavação em busca do diamante precioso. Pois é quando você se entrega a Cristo que começa a receber de Deus clareza sobre quem você é, sobre o que ele pensa a seu respeito e sobre o que ele tem para a sua vida. Essas informações começam a influenciá-lo, a transformá-lo, a mudar o seu viver, a sua visão de mundo e a sua visão de si mesmo.

Quando tem um encontro com Cristo, você começa a aprender que nele há possibilidades, que nele não há impossíveis, que nele você chega até onde sonhou — ou além, porque o sonho divino a seu respeito é maior que o seu! Assim que você inicia a escavação, começa a receber algo, a perceber que as mesmas inteligência e força que estavam sobre Jesus podem estar sobre você. Por quê? Porque o mesmo Espírito que estava nele agora habita em você.

Então você se lembra de que ele disse que nós faremos coisas iguais ou maiores às que ele fez. Você já fez algo maior ou igual a Jesus? Se não fez, fica claro que está muito aquém do que o seu potencial o capacita a fazer. Você e eu estamos só começando a cavar. Quando isso ocorre, até a sua linguagem muda, pois nossa linguagem natural é cheia de impossibilidades, mas a de Deus nos ensina que nada é impossível ao que crê! A linguagem de Deus é diferente. Ele diz: "Não há limites, pessoas, palavras ou sentenças suficientemente fortes para limitar você dentro do potencial que especifiquei para a sua vida".

Nesse momento, você começa a entender quem sua pessoa é para Deus. Você desconfia daquela coleirinha que lhe puseram dizendo: "Fique aqui, pois você não vai crescer. O seu lugar é este, você não tem competência suficiente para ir além. Fique aqui, não saia da coleira". É quando escuta a voz de Deus dizendo: "Solta! Sai! Vai! Você pode!". Sim, eu vou, eu posso! Onde Deus quiser que eu chegue, eu chegarei! O que Deus quiser que eu faça, eu farei! Eu não sou o cara limitado que os homens dizem que eu sou! E não serei o fracasso que meus pais revoltados disseram que eu seria! Eu não serei aquilo que aquela ex-namorada profetizou em minha vida! Eu serei o que Deus está dizendo que eu sou!

## Deus quer que você se ame como ele o ama

Comece a cavar e você vai chegar lá. É o que a Bíblia diz de rios de água viva fluindo do seu interior. Se você achou a fonte, comece a jorrar! Entenda que você foi criado para algo diferente daquilo que vem vivendo, caso ainda não tenha compreendido o seu potencial! Deus quer restaurar o seu amor-próprio, ele quer que você se ame como ele o ama! Se você não enxerga nada de bom em si mesmo, ele deseja restaurar a sua capacidade de visualizar todo o potencial que destinou à sua vida!

Quando seu amor-próprio é restaurado, nada mais o aprisiona, pois você passa a compreender o que Deus espera de você. E essa percepção começa a transformá-lo em uma pessoa melhor. Você descobre dons e talentos latentes, que nem sabia que existiam. Você descobre os porquês, a sua missão, o seu propósito, e passa a se amar por causa disso, entendendo que você não é pouca coisa. Você foi criado por um Deus de amor! E, ao encontrá-lo, começa a receber paz, alegria e equilíbrio. Deus começa a cuidar das suas emoções e proporciona uma satisfação como nada neste mundo pode lhe proporcionar. Ele o leva a uma condição em que você deixa de ser potencial para ser realidade.

Eu não quero ser um potencial juiz, eu quero ser um juiz. Eu não quero ser uma promessa, quero ser uma realidade. Eu não quero ser um potencial empresário, quero ser um empresário de sucesso. Quero ver um dia esse potencial acontecendo. Caso contrário, vou chegar aos 80 anos descobrindo que tinha muito potencial, mas nada aconteceu. Você nunca se realizará de verdade sem Deus. Sabe por quê? Porque o que você procura está em Deus.

Há coisas sobre você que ainda não foram descobertas. Essa busca precisa ser incessante. Quando Deus nos dá seu Espírito, ele se aprofunda em nosso interior e traz as respostas. Sem entender o seu propósito, você nunca atinge o nível espiritual que Deus preparou para seus filhos. É por isso que muita gente está cansada de igreja, não aguenta mais, não quer nem ir ao culto. Sabe por quê? Porque o que elas procuram está muito além de reuniões no templo.

*Eu não quero ser uma promessa, quero ser uma realidade. Eu não quero ser um potencial empresário, quero ser um empresário de sucesso. Quero ver um dia esse potencial acontecendo. Caso contrário, vou chegar aos 80 anos descobrindo que tinha muito potencial, mas nada aconteceu.*

Quando você está faminto por coisas profundas, não vai se satisfazer facilmente. Sua busca e sua sede ficam maiores. Há algo dentro de você que clama pela profundidade nas coisas de Deus. É uma fome que não pode ser saciada por um carro novo; também não é um apartamento de alto padrão que vai lhe dar essa satisfação, nem uma conquista profissional ou uma promoção. É o tipo de sede que só a sabedoria de Deus pode matar. É uma sede que chama, que clama continuamente por Deus. Sim, é possível. Quando? Quando você se encher daquilo que Deus tem e daquilo de que você deveria estar cheio.

Eu tinha um coração muito duro. Na primeira vez em que entrei em uma igreja, eu disse: “São todos loucos”. Mas não é que essa loucura da pregação começou a fazer sentido? Ela foi me transformando e moldando. Hoje sinto um rio de águas vivas fluindo em mim, mas sei que há mais e... eu quero mais! Eu quero ir além, não quero estar com Deus só porque sei que ele pode me dar uma ajudinha. Quero ir além, pois anseio conhecer os segredos do que é eterno.

E você? Será que o mundo já não deu voltas suficientes para você entender que há algo mais? Que o seu potencial é gigantesco? Por que é tão difícil para você acreditar em si mesmo? Talvez você esteja se perguntando se está onde deveria. Talvez você se questione: "Será que é isso o que Deus espera da minha vida? Será que estou fazendo o que é certo? Será que no fim da vida eu vou me arrepender e tentar voltar atrás sem ter essa possibilidade? Será que vou terminar minha vida feliz, com sentimento de missão cumprida porque explorei todo o meu potencial e vivi da maneira que Deus esperava? Será que tenho uma sabedoria além da que é adquirida pelo conhecimento humano?".

Se você deixar o Deus que sonda corações, conhece pensamentos e intenções fazer de você o que ele planejou desde antes de seu nascimento, viverá plenamente todo o potencial que ele lhe deu. E não haverá mais espaço nos seus dias para a falta de amor-próprio, pois perceberá que alguém com todo o potencial que você tem só poderia ser amado apaixonadamente por Deus, como um diamante de valor incalculável.

## ORE COMIGO

*Pai querido e amado, quero agradecer-te pelo evangelho de Cristo, que para muitos é loucura. Ajuda-me na descoberta de todo o meu potencial, auxilia-me nessa busca. Tu és um Deus de revelação, de misericórdia e graça. Revela-me o que tens preparado para minha vida. E que, ao descobrir teus planos extraordinários, eu compreenda que não há razão alguma para não ter amor-próprio. Tu me amas e eu te amo! Por isso, desejo mergulhar no teu Espírito Santo, para obter as respostas. Preciso de ti! Transforma meu potencial em realidade! Em nome de Jesus. Amém.*

# 8

## Só Deus satisfaz

### Restauração da satisfação no Senhor

O salmo 119 é o maior capítulo da Bíblia. Um de seus versículos, em especial, chama atenção quando o assunto é restauração: "Sou teu; salva-me, pois tenho buscado tuas ordens" (Sl 119.94). Esse é o clamor de alguém que reconhece que, embora viva em aliança com Deus, precisa de auxílio. Em outras palavras, o que o salmista está dizendo é: "Sou teu, mas as coisas estão de mal a pior. Por dentro estou muito mal, preciso encontrar a satisfação da vida. Salva-me desta condição em que me encontro, de total falta de contentamento verdadeiro". Ele deixa claro que precisa ser restaurado.

O salmista condiciona essa restauração à Palavra, quando diz que tem buscado as ordens, isto é, os mandamentos de Deus. É como se ele dissesse: "Uma vez que tenho sido fiel às Escrituras, salva-me do meu estado atual". O salmo 119 está fundamentado no fato de que a restauração vem quando nos apegamos à Palavra de Deus. O versículo 15 diz: "Meditarei em tuas ordens e refletirei sobre teus caminhos", o que deixa claro que o salmista reconhece a volta à Palavra como a única maneira de ser restaurado. Fora da Palavra não há satisfação em Deus. A verdade divina, expressa nas Escrituras, precisa ser a verdade do homem e da mulher que querem ser transformados, restaurados.

O salmista clama ao Senhor: "Estou prostrado no pó; *restaura* minha vida com a tua palavra" (Sl 119.25). Ele não somente sabe que precisa ser restaurado, mas reconhece a razão dessa necessidade: ele está "prostrado no pó". A questão é: o que isso significa? Existem duas maneiras de se compreender essa afirmação. A primeira é crer que o salmista está deprimido, sem prazer na vida. A segunda, que eu acredito ser a que o levou a escrever esse salmo, diz respeito à alma dele estar apegada ao "pó" no sentido de "matéria", ou seja, aquilo que é tangível, palpável, porém, passageiro. Isso nos remete ao perigo do materialismo.

Cremos que Deus é bom, nos abençoa e nos faz prosperar. Nesse sentido, a provisão de nossas necessidades materiais é uma bênção do alto. Já o materialismo é um instrumento das trevas para derrubar pessoas que se deixam levar pelo consumismo, pelo desejo de ter, pelo apego excessivo a valores materiais, pelo amor ao dinheiro, pela satisfação limitada e fugaz que a matéria oferece. Se a pessoa começa a achar que sua satisfação depende do que ela conquista, acaba desenvolvendo hábitos materialistas viciantes.

É licito desfrutar dos bens que Deus nos dá, mas eles não satisfazem a alma. A verdadeira satisfação está em voltar-se a Deus, por meio de sua Palavra. Esse redirecionamento é o único meio de ser restaurado naquilo que dá a verdadeira satisfação.

A minha satisfação não está no que eu posso ter ou receber de Deus, mas nele próprio. Sou feliz porque conheço a Deus, creio na sua Palavra, tenho intimidade com ele, o amo, conheço seu amor e o recebo. O resto é resto! Dinheiro vem, dinheiro vai, uma hora levanta, uma hora cai, mas eu permaneço inabalável. Posso ser feliz e estar satisfeito em toda e qualquer situação, ganhando ou perdendo, tendo ou não tendo, sobrando ou faltando. Eu sou feliz porque sou um homem de Deus. Minha satisfação está diretamente ligada à minha plenitude no Espírito

Santo. Se estou preenchido, em paz, é porque minha alegria está em Deus e em sua Palavra.

O salmista vai além. Ele diz: "Dá-me entusiasmo por teus preceitos, e não pela ganância!" (v. 36). Isso reforça o entendimento de que, nesse contexto, ele está se referindo ao pó como sinônimo de matéria. Como é triste ver pessoas que, em determinado momento da vida, deixaram escapar essa verdade espiritual! Como é triste ver pessoas que andavam com Deus se renderem a esse tipo de tentação! Como é triste ver homens de Deus que começaram com pequenos ministérios, passando grandes lutas e dificuldades, vierem depois a fraquejar em sua fidelidade! De alguma maneira, eles permitiram que o materialismo dominasse seu coração e, por isso, caminharam a passos largos para a ruína. Muitos ministérios têm sido arrasados porque seus líderes têm cedido a esse tipo de tentação. Afinal, materialismo mata.

Eu posso ter aquilo que Deus me dá sem nenhum drama de consciência. Ele tem grandes coisas para seus filhos. Mas, a partir do momento em que coloco minha alegria e confiança naquilo que é pó; em que já não vivo pela essência do evangelho, mas motivado por cobiça; a partir do momento em que prego o evangelho imaginando quanto vou ganhar de oferta na igreja que me convidou, perco minha satisfação em Deus.

É pelo fato de tantas pessoas acreditarem que dependem de acumular matéria para obter satisfação na vida que há tantas multidões vazias, secas, tristes. São indivíduos que acreditaram que bens materiais preencheriam toda a sua necessidade e carência emocional e espiritual, sem se darem conta de que só Deus satisfaz! Ao descambar para o materialismo, a pessoa perde valores e princípios, se vende e abraça a cobiça. Isso é morte! Tal pessoa vai viver amargurada e frustrada e, quanto mais ela tiver, mais vai desejar ter. Isso ocorre porque o materialismo é como uma droga, que dá aquele prazerzinho momentâneo por ter obtido algo, mas logo vem o vazio e a necessidade de obter mais para conseguir nova dose de satisfação. Esse indivíduo se tornará, em pouco tempo, frio, vazio, distante de Deus, morto.

*O materialismo é como uma droga, que dá aquele prazerzinho momentâneo por ter obtido algo, mas logo vem o vazio e a necessidade de obter mais para conseguir nova dose de satisfação. Esse indivíduo se tornará, em pouco tempo, frio, vazio, distante de Deus, morto.*

Se você se entregar ao materialismo, a distância entre você e os mandamentos de Deus será tão grande que acabará cavando um abismo entre vocês. Com isso, você estará distante da alegria e do prazer que só Deus pode dar. Essa é a razão de tanta gente cheia de dinheiro viver insatisfeita, com milhões na conta bancária, mas vazia, infeliz e frustrada.

O salmista prossegue no salmo 119: "Tua promessa renova minhas forças; ela me consola em minha aflição" (v. 50). Fica claro que a entrega ao materialismo o conduziu ao nível da angústia. Mais ainda: no versículo 107, ele afirma que sofreu muito. É como se ele dissesse: "Sofri muito porque confiei mais na matéria do que em ti. Vivifica-me, Senhor, restaura-me segundo a tua Palavra!". Aquele homem identificava a necessidade premente de voltar a obter satisfação em Deus, mediante o retorno à Palavra, às raízes da espiritualidade, à essência, ao fundamento.

## Vaidade das vaidades

No versículo 37, o salmista diz: "Desvia meus olhos de coisas inúteis e restaura-me por meio de tua palavra". Materialismo invariavelmente nos conduz à inutilidade, à falta de sentido das coisas. Ou, como diz Eclesiastes, "vaidade de vaidades, tudo é vaidade" (Ec 1.2, RA). Quem se deixa influenciar pelo materialismo perde a satisfação verdadeira, fica vazio, seco, angustiado, aflito e, além disso, acaba apegado às coisas inúteis, aprisionado pela vaidade de sempre querer ter mais.

Vaidade, nesse contexto, não se refere à vontade de andar elegante, de se arrumar e se sentir bem com a aparência. Vaidade, aqui, aponta para a embriaguez com o dinheiro, o acúmulo desmedido de riquezas a qualquer custo, o reconhecimento dos homens, a satisfação com o olhar de inveja alheio. Acúmulo de bens como consequência do materialismo ensoberbece, entorpece, embriaga, cega, envaidece.

Um homem que se deixa levar por esse sentimento começa a acreditar que é mais do que na verdade é. Ele passa a sentir-se como alguém mais especial que a média e que, por isso, crê estar acima do bem e do mal. Logo, está achando que com ele a história é diferente, que diante de Deus ele tem algum tipo de privilégio. Isso acontece quando ele é muito usado, abençoado, próspero. Por essa razão, passa a dizer: "Onde eu boto a mão, tudo flui, onde eu encosto, prospera".

Em pouco tempo, tal homem acredita que pode mais que todo mundo, que é muito importante. O poder começa a penetrar em suas entranhas. Sua escala de valores é invertida e ele passa a respeitar só quem também tem muito dinheiro e poder. Seu narcisismo cresce a tal ponto que ele acredita que só tem valor quem é como ele. A verdade de Deus lhe é roubada e ele começa a pautar seus relacionamentos por aquilo que a vaidade dita. Em pouco tempo, ele se sente o juiz, superior a aquilo que é. E, quando alguém encontra satisfação em si mesmo e não em Deus, o caminho é o da ruína.

O salmista se dá conta, então, de que, se a volta à Palavra é o caminho da restauração para quem perdeu a satisfação em Deus e passou a buscá-la inutilmente em bens materiais ou na própria vaidade, ela proporciona, ainda, uma consequência adicional:

o indivíduo cresce no conhecimento da compaixão e do amor de Deus. Como escreveu o salmista: "Cerca-me de tua compaixão, para que eu viva, pois tenho prazer em tua lei" (v. 77); "Por teu amor, preserva minha vida; então continuarei a obedecer a teus preceitos" (v. 88); "Vê, Senhor, como eu amo tuas ordens; restaura minha vida por causa do teu amor" (v. 159).

Muitas pessoas estão desviadas, distantes, mortas espiritualmente, sem encontrar satisfação na vida, porque acreditam que não terão mais chances com Deus. Vidas que andam com um jugo terrível, muitas vezes imposto por homens. É gente com medo ou vergonha de voltar, sentindo-se acusada, reprimida. Ama a Deus, mas não consegue entender quanto ele é bom. Tais indivíduos não se dão conta de que "o SENHOR é bom! Seu amor dura para sempre, e sua fidelidade, por todas as gerações" (Sl 100.5). O Senhor é bom! O Senhor é compassivo! O Senhor é amoroso! O Senhor é fiel à sua Palavra! A misericórdia de Deus é diferente da misericórdia dos homens, e ele nunca vai compactuar com alguém que não exerça misericórdia. Quem não é misericordioso não conhece a Deus.

*O Senhor é bom! O Senhor é compassivo! O Senhor é amoroso! O Senhor é fiel à sua Palavra! A misericórdia de Deus é diferente da misericórdia dos homens, e ele nunca vai compactuar com alguém que não exerça misericórdia.*

Os homens apontam dedos, rotulam os outros, renegam pessoas. Deus não. Ele nunca desiste, mas sempre acredita. Não podemos transformar a compaixão em falsa graça, mas compaixão é compaixão. Se os homens não perdoam, Deus perdoa setenta vezes sete. Se um pastor tem coragem de amaldiçoar um ser humano, Deus olha para aquela vida e diz: "Eu o amo e vou continuar usando sua vida, independente do que esse homem de coração duro disse".

Os seres humanos são capazes de olhar para alguém e dizer que ele não tem mais chance. Deus olha para aquela mesma pessoa e diz: "Se você entender meu amor, minha misericórdia e minha graça, vou derramar uma unção sobre sua vida muito maior do que tudo o que você já viveu até hoje". Se Deus olhasse para a sua Igreja da mesma maneira que a ótica da compaixão humana olha, não haveria ninguém de pé, a começar por mim. Se estamos de pé é porque a compaixão do Senhor se renova todos os dias.

O salmista vai além. Ele sabe que a compaixão e o amor de Deus não encontram fundamento longe da Palavra. "Anseio por obedecer às tuas ordens; restaura minha vida por tua justiça" (Sl 119.40), ele ora. Muitas pessoas se sentem indignas, sabem que Deus é misericordioso, bondoso, mas ainda se sentem indignas por terem perdido a satisfação nele. A restauração vem quando elas entendem que Deus só as recebe porque o que ele está aceitando, na verdade, é a justiça do Filho. A justiça humana não nos justifica; é o ato de justiça de Cristo na cruz que nos faz justos diante do Pai.

Essa justiça também precisa se manifestar sobre aqueles que se sentem injustiçados. E muitas pessoas estão desesperadamente necessitadas de restauração por terem sido injustiçadas. Elas dizem coisas como: "Deus, eu confiei, acreditei, andei contigo, busquei, fiz minha parte e cumpri meu papel, mas estou morrendo, sentindo-me injustiçado. Eu não merecia isso, não foi o que plantei, o que disseram de mim não é verdade". Nessa hora, a pessoa se abate e perde a fé, a alegria e a esperança. A injustiça sofrida sepulta o indivíduo e rouba toda a sua satisfação.

Qual é o caminho para que essa pessoa tenha restaurada a sua satisfação em Deus? O salmista diz: "Teus preceitos são sempre justos; ajuda-me a entendê-los, para que eu viva!" (Sl 119.144). O que ele está dizendo é que será restaurado quando tiver pleno entendimento dos mandamentos divinos, isto é, da vontade soberana de Deus.

Você está abatido, triste, sem prazer na vida? Será que deixou o materialismo dominar seu coração? Será que sua vaidade foi maior do que deveria ser? Será que você foi injustiçado e, por isso, entrou numa espiral de falta de contentamento? Não importa a razão de seu distanciamento da fonte da felicidade, o importante é que saiba que ela ainda está disponível.

> *Não importa a razão de seu distanciamento da fonte da felicidade, o importante é que saiba que ela ainda está disponível.*

O único manancial verdadeiro de alegria e completude é Deus, encontrado por meio de sua Palavra, capaz de justificar quem quiser e acolher o injustiçado. Se, assim como o salmista, você está prostrado no pó e precisa ter sua satisfação restaurada, clame a Deus! Busque-o por meio das Escrituras!

Só Deus satisfaz. Tudo mais é inútil, efêmero, passageiro. Se, em algum ponto da caminhada, você se afastou do caminho da alegria, seduzido por falsas promessas de contentamento, chegou a hora de ser restaurado. Clame a Deus. Ele está acessível a todo aquele que o busca. Nele você encontrará a verdadeira satisfação, a alegria de viver, a esperança da vida eterna, o sentido da vida, o júbilo de saber que a fonte de todo amor e de toda compaixão o toma pela mão e caminha com você, todos os dias, até o fim dos tempos.

## ORE COMIGO

*Pai, não sei o que houve em minha vida, mas parece que a satisfação que eu tinha por tua presença desapareceu. Creio em ti e em teu amor, sei que és compassivo e bom e quero voltar a encontrar o verdadeiro contentamento da vida. Perdi o poder de reação e preciso urgentemente ser restaurado. Não quero continuar assim, necessito ser vivificado. Restaura-me, Senhor! Eu me apego à tua Palavra, ao teu amor, à tua graça, à tua compaixão. Restaura a minha satisfação em ti! Quero ser justificado, mas também quero a tua justiça na minha vida. Restaura-me, Senhor, pois eu preciso do entendimento que os teus preceitos podem me dar. Restaura-me, Senhor, pois só tu tens esse poder. Em nome de Jesus. Amém.*

# 9

## Confie nas promessas

### Restauração da confiança em Deus

É muito difícil ouvir afrontas das trevas quando as coisas não saem da maneira que esperávamos. Muitas vezes escutamos vozes que insistem em nos acusar e condenar, desafiando nossa aliança com Deus, questionando suas promessas e procurando minar nossa confiança nele. Se ouvir essas vozes já é muito difícil, torna-se insuportável quando nossa alma faz coro com elas. A alma ferida está sujeita a questionamentos e incertezas a respeito do amor e do cuidado divinos. E, quanto mais tempo passamos sem ouvir a voz de Deus, maior e mais intensa se torna a pressão exercida pelas vozes da dúvida e da desconfiança.

É muito comum essa pressão se transformar em opressão, principalmente quando há conflitos entre o que Deus prometeu e o que você está sentindo e vivendo. Se não estivermos atentos, nosso coração se entristece a ponto de nos tornarmos suscetíveis à opressão. Não podemos permitir, porém, que a tristeza nos domine, pois esta é justamente a intenção do maligno: dominar nossa alma pela opressão da mente e minar nossa confiança em Deus.

Satanás utiliza pessoas e circunstâncias para ferir suas emoções e para afetar e desestabilizar seus sentimentos. Esteja preparado para isso, pois, se ele tocar em sua identidade, acabará minando sua confiança. O que ele tenta fazer é convencê-lo de que você não é capaz, de que o propósito de Deus nunca se realizará em sua vida, de que você foi tolo quando acreditou que tinha um chamado maior ou que sua vida era relevante para sua geração para a sociedade em que vive. Talvez ele esteja fazendo isso agora mesmo. O inimigo tenta de todas as formas nos fazer desistir de sonhar de acordo com os propósitos divinos para nossa vida. E ele faz isso sabotando nossa confiança em Deus e em suas promessas para nós.

Em certa ocasião, Cristo leu na sinagoga de Nazaré uma passagem do livro de Isaías que falava, profeticamente, a seu respeito: "O Espírito do Senhor está sobre mim, pois ele me ungiu para trazer as boas-novas aos pobres. Ele me enviou para anunciar que os cativos serão soltos, os cegos verão, os oprimidos serão libertos, e que é chegado o tempo do favor do Senhor" (Lc 4.18-19). Sim, Jesus nos libertou do jugo da escravidão e da dominação espiritual!

Porém, ser liberto do opressor não é a mesma coisa que estar livre da opressão. Por isso, perceba que nesse texto há uma percepção dupla: Deus fala em libertar os cativos, mas também em pôr em liberdade os oprimidos. São duas coisas distintas. Eu sou liberto do cativeiro espiritual pelo poder que há na cruz do calvário, no sangue derramado, mas ainda estou sujeito às opressões. Em outras palavras: eu sou livre, lavado, remido, salvo, mas ainda sou alvo de opressões, principalmente quando as melhoras que esperei que acontecessem não aconteceram, quando aquilo em que eu cri de todo o meu coração que iria melhorar não melhorou, quando esperei com toda a paciência por uma mudança, mas ela não ocorreu.

Se não entendemos por que, aparentemente, Deus não nos ouve, isso começa a minar nossa confiança nele. Passamos a questionar: "Quantas pregações, quantos congressos, quantos testemunhos já escutei! Tem de haver alguma mudança, Deus tem de me ouvir! Não é possível!". O que vem a seguir é incredulidade e uma certa confusão acerca dos propósitos de Deus para nossa vida. Um episódio ocorrido após a ressurreição de Jesus é muito interessante a esse respeito: o do encontro dele com os discípulos na estrada para Emaús. Diz o texto:

> Naquele mesmo dia, dois dos seguidores de Jesus caminhavam para o povoado de Emaús, a onze quilômetros de Jerusalém. No caminho, falavam a respeito de tudo que havia acontecido. Enquanto conversavam e discutiam, o próprio Jesus se aproximou e começou a andar com eles. Os olhos deles, porém, estavam como que impedidos de reconhecê-lo.
>
> Jesus lhes perguntou: "Sobre o que vocês tanto debatem enquanto caminham?".
>
> Eles pararam, com o rosto entristecido. Então um deles, chamado Cleopas, respondeu: "Você deve ser a única pessoa em Jerusalém que não sabe das coisas que aconteceram lá nos últimos dias".
>
> "Que coisas?", perguntou Jesus.
>
> "As coisas que aconteceram com Jesus de Nazaré", responderam eles. "Ele era um profeta de palavras e ações poderosas aos olhos de Deus e de todo o povo. Mas os principais sacerdotes e outros líderes religiosos o entregaram para que fosse condenado à morte e o crucificaram. Tínhamos esperança de que ele fosse aquele que resgataria Israel. Isso tudo aconteceu há três dias.
>
> "Algumas mulheres de nosso grupo foram até seu túmulo hoje bem cedo e voltaram contando uma história surpreendente. Disseram que o corpo havia sumido e que viram anjos que lhes disseram que Jesus está vivo. Alguns homens de nosso grupo correram até lá para ver e, de fato, tudo estava como as mulheres disseram, mas não o viram."
>
> Então Jesus lhes disse: "Como vocês são tolos! Como custam a entender o que os profetas registraram nas Escrituras! Não percebem que era necessário que o Cristo sofresse essas coisas antes de entrar em sua glória?". Então Jesus os conduziu por todos os

escritos de Moisés e dos profetas, explicando o que as Escrituras diziam a respeito dele.

Aproximando-se de Emaús, o destino deles, Jesus fez como quem seguiria viagem, mas eles insistiram: "Fique conosco esta noite, pois já é tarde". E Jesus foi para casa com eles. Quando estavam à mesa, ele tomou o pão e o abençoou. Depois, partiu-o e lhes deu. Então os olhos deles foram abertos e o reconheceram. Nesse momento, ele desapareceu.

Disseram um ao outro: "Não ardia o nosso coração quando ele falava conosco no caminho e nos explicava as Escrituras?". E, na mesma hora, levantaram-se e voltaram para Jerusalém. Ali, encontraram os onze discípulos e os outros que estavam reunidos com eles, que lhes disseram: "É verdade que o Senhor ressuscitou! Ele apareceu a Pedro!".

Então os dois contaram como Jesus tinha aparecido enquanto andavam pelo caminho, e como o haviam reconhecido quando ele partiu o pão.

Lucas 24.13-35

Jesus havia sido condenado, crucificado, morto e sepultado. Dois de seus discípulos decidiram, então, retornar de Jerusalém para casa, num povoado que se chamava Emaús. Os discípulos precisavam ficar em Jerusalém, mas esses dois já estavam voltando para seu local de origem, inconformados, em uma conversa desanimada, triste.

Eles estavam decepcionados com o que havia acontecido. Afinal, creram de todo coração nas promessas de que Jesus era o Messias, abriram mão de tudo em sua vida e se apegaram à promessa de que Cristo estabeleceria seu reino. Eles acreditavam que tudo seria diferente em sua vida, que seriam livres do jugo do Império Romano e que não haveria mais a tristeza de ser um povo debaixo de denominação estrangeira. Os dois criam que, graças ao Messias, não seriam mais humilhados, não teriam mais de pagar tributos e que sua vida nunca mais seria como antes.

Mas, de repente, sua grande expectativa foi frustrada. Quando Jesus começou a se levantar como esse grande líder, eles acreditavam que ele seria o comandante de uma revolução militar, temporal. Mas, contrariando todas as suas expectativas, o Mestre simplesmente foi condenado e morto. Então, o que era motivo de celebração se transformou em luto. A impressão daqueles discípulos era de que todos os seus sonhos haviam sido sepultados junto com Jesus. Não havia mais motivo para sonhar: o libertador estava morto.

## O ponto em questão

A dor que esses homens sentiram foi tão forte que eles simplesmente desistiram de sonhar. Eles haviam confiado nas promessas de Cristo e, agora, aparentemente, fora uma confiança depositada em vão. A tristeza os abateu a tal ponto que os levou a fugir daquela situação deprimente. Os dois queriam qualquer coisa, menos ficar em Jerusalém, porque ali era o palco dos acontecimentos que entristeciam seu coração. Retraídos, decidiram voltar para sua vida de sempre em Emaús, quando deveriam ficar em Jerusalém. Mas a capital era, naquele momento, um lugar muito perigoso, afinal, ali estavam os fariseus, os sacerdotes e os demais religiosos que arquitetaram a morte de Cristo.

Aqueles dois estavam mais dispostos a salvar a própria pele do que ir até o fim por Jesus. A volta para Emaús era uma fuga. Eles estavam procurando uma toca, uma caverna, um esconderijo. Emaús simboliza o lugar de onde fomos tirados por Jesus para que pudéssemos viver os seus propósitos na terra. Emaús significa para nós o que o Egito significava para o povo de Israel. É o lugar de onde eu saí, são as coisas que eu abandonei, foi o que eu deixei para trás a fim de viver a história de Deus em minha vida. Como é possível retornar a Emaús? Se Deus tirou você de Emaús, não queira voltar; essa é uma atitude de quem está com medo, de quem não aprendeu a confiar nele.

> *Como é possível retornar a Emaús? Se Deus tirou você de Emaús, não queira voltar; essa é uma atitude de quem está com medo, de quem não aprendeu a confiar nele.*

Quando perguntarmos a Deus o que fazer, ele sempre vai responder: "Siga em frente, olhe para a linha de chegada, foque na coroa que o espera. Não olhe para trás. Não olhe para Emaús, olhe para Jerusalém! Continue marchando, o seu destino está à frente, não atrás". Chore, se for preciso, mas caminhe para frente. Chore, mas chore marchando. Gema de dor, mas gema marchando. Carregue a sua cruz, porque Cristo foi até o fim por você carregando a dele.

Quando o povo de Israel estava no deserto, após ter saído do Egito, o tempo todo falava em voltar para a terra da escravidão. Os israelitas argumentavam que a vida era melhor no Egito, embora fossem escravos. Mas a promessa não estava no Egito, assim como não estava em Emaús para aqueles dois homens. Há quem prefira não sonhar a ter de lidar com a dor da espera, com a possibilidade de se desiludir. Para alguns parece mais fácil fechar o coração do que confiar em Deus. "Deixem-me em Emaús!", dizem os desconfiados. Mas esse não é o caminho.

Emaús pode ser um lugar bom para os medíocres, os conformados, mas nunca um lugar suportável para aqueles que querem viver a glória de Deus nesta terra. Mesmo que você esteja em Emaús, Deus o alcança, o renova e recomeça o processo de conquista da sua confiança, porque os planos de Deus não podem ser frustrados.

Os versículos 15 e 16 registram um momento especial. Enquanto a dupla conversava e discutia, Jesus se aproximou e passou a caminhar com eles. Os olhos dos dois, porém, estavam impedidos de reconhecê-lo. Uma alma abatida, angustiada, tem a visão comprometida. A dor pode ser grande a ponto de cegar o coração a respeito das realidades espirituais. A dor e a falta de visão são capazes de levar uma pessoa a dizer coisas em que não acredita de verdade, a verbalizar crenças contrárias à sua fé e às promessas de Deus para a sua vida. Uma pessoa ferida fala em morte, se autocastiga, blasfema, perde o temor de Deus. Uma pessoa machucada amaldiçoa, torna-se ingrata, se esquece de tudo o que Deus fez por ela, como se ela não tivesse nenhum testemunho para contar, como se não tivesse uma história que provasse quão filha de Deus ela é.

Os dois discípulos se questionavam. Eles não entendiam por que havia acontecido algo tão terrível com Jesus. Por que ele fora crucificado? Por que tudo havia terminado daquele modo? Por que Deus não impedira a crucificação antes que ela acontecesse? Muitas dúvidas denunciam falta de confiança. Fé é confiança inabalável, que crê apesar das circunstâncias. Mas Deus nunca nos prometeu respostas, ele prometeu uma cruz. A pergunta não deveria ser "por quê?", mas "como Deus vai usar essa história para me fazer amadurecer e para que a glória dele seja mais evidente em minha vida?". A falta de confiança em Deus nos paralisa, embaça nossa visão e nos desvia da rota certa.

Jesus se aproximou dos dois e os questionou sobre o que estavam falando. É como se ele estivesse pensando: "Como esses meus discípulos, homens de tanta fé, estão engajados em uma conversa tão desanimada e sem confiança como essa?". Jesus não admitiu aquilo. Como eles podiam estar tão frustrados com um evento que ele havia avisado que aconteceria?

Sim, Jesus avisara de antemão que morreria e ressuscitaria. Ele os havia preparado. Porém, aqueles dois tinham permitido que a decepção, o desânimo e a incredulidade dominassem seu coração. Os dois discípulos estavam tão focados na crise que não conseguiam mais focar em Cristo e suas promessas. Sentimentos nocivos tomaram sua mente, e seus lábios passaram a destilar veneno. A falta de confiança em Deus faz com que as pessoas parem no meio do caminho e fiquem paralisadas.

> *Os dois discípulos estavam tão focados na crise que não conseguiam mais focar em Cristo e suas promessas. [...] A falta de confiança em Deus faz com que as pessoas parem no meio do caminho e fiquem paralisadas.*

É hora de você identificar que força é essa que o está intimidando, paralisando. O que está por trás disso? Nada termina até que Deus diga que acabou, nenhum rumo pode ser mudado a não ser que Deus determine um novo. Mas, se a sua confiança nele está abalada, fica difícil. É preciso restaurar essa confiança urgentemente.

Os discípulos paralisados, dominados por uma tristeza provocada pela falta de confiança, só conseguiam vomitar decepção. O versículo 21 mostra exatamente isso: "Tínhamos esperança de que...", disseram aqueles homens. Não é exatamente assim que acontece conosco? Esperamos que, depois de termos orado tanto, nos consagrado dia e noite, buscado sem cessar, haveria cura, transformação. Mas, se não vemos acontecer o que desejávamos, logo perdemos a confiança no Senhor. Temos esperanças demais, mas confiança de menos.

Os dois discípulos diziam saber da notícia que Jesus havia ressuscitado, tinham escutado a história, mas estavam agindo com descrédito, com desconfiança. A crença naquela hora não bastava, pois sua atitude ia em caminho oposto. Se a crença levava para Jerusalém, seus passos desconfiados os conduziam a Emaús. Foi quando Jesus os chamou para a Palavra. E aqui está o xis da questão.

## Escrituras e poder

Para combater a desconfiança daqueles dois homens, Jesus recorreu às Escrituras, que são o único caminho para o restabelecimento da confiança em Deus. Cristo passou por todos os profetas, provando que os eventos dos dias recentes tinham de acontecer conforme prometido. Mas o coração da dupla estava endurecido, ferido. Quantas vezes nós permitimos que a dúvida tome conta de nosso coração? Quantas vezes tomamos decisões precipitadas pela ótica da dor e da desconfiança, a partir do que sentimos e não da fé nas promessas? Apesar de todos os testemunhos, de tudo aquilo que já vivemos com Deus, muitas vezes caímos no mesmo erro.

Jesus caminhou com a dupla até Emaús e ameaçou ir adiante, mas eles o dissuadiram, pedindo que ficasse com eles. O último lugar em que Jesus queria ver seus discípulos era ali. Mas ele foi convidado a entrar. Do mesmo modo, mesmo que não encontremos forças para reagir, devemos abrir a porta do nosso coração e convidá-lo a entrar. Aquele que fizer isso será renovado, visitado, vai cear com o próprio Cristo. Haverá renovo, uma condição especial em Cristo, porque, quando a Palavra é respaldada pela presença de Deus, pela visitação do Espírito Santo, não há nada que impeça uma total transformação do incrédulo em alguém cheio de fé. Se você vai às Escrituras debaixo do poder da presença de Deus, o seu rumo muda, você desiste de Emaús e volta a buscar Jerusalém.

O que aconteceu, então, é que Jesus ceou com aqueles homens. Na hora em que ele partiu o pão, os dois perceberam com quem estavam falando. Não foi pela voz nem pela aparência física, mas pelo partir do pão. A comunhão com Cristo restabeleceu a visão deles. O poder da comunhão abriu os olhos de seu coração. Só quando eles voltaram a estar com Cristo é que conseguiram enxergar de novo e, quando seus olhos se abriram, eles discerniram que estavam no lugar errado.

Emaús era a parte velha da história. Eles não podiam mais ser escravizados por aquele passado. Assim como aqueles discípulos, precisamos deixar para trás o que ficou para trás, deixar o passado passar e abrir nosso coração para um futuro cheio de esperança. Nosso alvo é Jerusalém!

> *Assim como aqueles discípulos, precisamos deixar para trás o que ficou para trás, deixar o passado passar e abrir nosso coração para um futuro cheio de esperança.*

O interessante é que no exato momento em que os dois discípulos perceberam com quem falavam, caíram em si. Note que eles haviam pedido para Jesus entrar na casa deles porque seria perigoso estar na estrada àquela hora, mas, no instante em que se deram conta de que aquele era o Senhor, sua confiança tornou-se tão grande que eles perderam o medo de cair na estrada à noite e imediatamente pegaram a mesma estrada para voltar a Jerusalém. Eles não esperaram o dia seguinte, mas foram no mesmo instante cheios de uma confiança inabalável. Totalmente restaurados! Com isso, voltaram a Jerusalém, e Deus cumpriu seu propósito na vida deles.

Emaús simboliza a vontade que temos de voltar à zona de conforto, da qual Jesus nos tirou, quando somos dominados pela falta de confiança nele e em seus divinos propósitos para nossa vida. Já Jerusalém representa a total confiança em Cristo, que nos enche de disposição para renunciar à própria vontade e morrer todos os dias para nós mesmos a fim de que o propósito de Deus se cumpra.

Deus tem propósitos extraordinários para a sua vida. Ele compreende sua dor, seu sofrimento e suas dificuldades, mas ele venceu para que pudéssemos vencer. Há uma Jerusalém esperando por você, se tão somente confiar e não desistir de ficar onde Deus determinou que ficasse. Na caminhada, você vai se machucar; não espere nada menos que isso. Jesus avisou que seria assim. Mas não permita que esse sofrimento o impeça de chegar ao lugar que precisa alcançar. Há uma Jerusalém e ela é o seu destino. Não volte para Emaús. Há promessas. Confie.

Se você soubesse quanto Deus o ama! Se soubesse o valor que tem! O sacrifício que ele fez foi por amor a você, e o que ele espera é uma resposta a esse amor. Confie! Vá às Escrituras debaixo do poder do Espírito Santo e ele restaurará a sua confiança nele! Não desista! Não pare de lutar! Os propósitos de Deus jamais vão morrer. Não pare de confiar. Você vai atravessar vales e montanhas, coisas boas e ruins, notícias alegres e tristes. Viverá mágoas, decepções, traições e surpresas. Mas, se estiver firmado na rocha que é Cristo, sua confiança não será abalada. Pode confiar.

## ORE COMIGO

*Pai querido e amado, eu me alegro pois sei que nunca desprezarás uma oração sincera ou um coração que te busca verdadeiramente, com humildade. Recebe minha oração como incenso agradável às tuas narinas e responde-me, ó Deus. Aumenta minha fé, fortalece minha confiança. Abençoa-me, livra-me do mal, cobre-me com o sangue do Cordeiro e completa a boa obra que um dia tu mesmo iniciaste. Pai, toca-me e fortalece-me por meio da verdade que nos revelaste nas Escrituras debaixo do teu poder. Restaura minha confiança em ti. Que ela se torne inabalável! Em nome de Jesus. Amém.*

# 10

## Arrependa-se e seja livre

### Restauração da paz com Deus após o perdão dos pecados

De todas as parábolas que Jesus contou, a do filho pródigo — ou filho perdido — é, talvez, a mais conhecida. Certo homem tinha dois filhos e, um dia, o mais moço foi até ele e disse que desejava receber imediatamente sua parte da herança. O pai, respeitando a vontade do filho, fez a divisão dos seus bens e entregou ao caçula uma pequena fortuna. Passados não muitos dias, o filho mais moço juntou tudo o que era seu e partiu para uma terra distante. Lá ele gastou tudo o que tinha, pois viveu de forma desregrada. Depois de ter consumido tudo, começou a passar necessidade.

Jesus apresenta nessa parábola um filho que abriu mão da segurança, do carinho, da intimidade e da presença do pai para viver em pecado. Em nossos dias, muitas pessoas estão na mesma situação. São homens e mulheres que optaram pela distância do Pai celestial, que escolheram um estilo de vida que nada tem a ver com ele. Essas pessoas puseram de lado aquilo que o Pai tinha para elas e optaram por viver longe dele.

Esbarramos a cada esquina com gente que destruiu a própria vida por afastar-se do Pai e sair se drogando como louca, como se a morte não existisse, como se o fígado fosse de aço. É gente que gasta os recursos financeiros que Deus lhe deu com prostituição e prazeres fúteis e fugazes. O resultado é exatamente o mesmo que acontece com o moço da parábola: essa pessoa termina sozinha, quebrada, falida, infeliz, frustrada.

Geralmente, quando nós, cristãos, lemos essa parábola, aplicamos os conceitos de arrependimento que ela traz para desviados declarados, aqueles que assumiram sua postura de falta de fé, insubmissão e desobediência a Deus. Mas e quando esse conceito precisa se enquadrar na vida e no coração dos desviados enrustidos, aqueles homens e mulheres que frequentam a igreja, mas vivem em pecado?

Frequentar uma igreja não faz que a pessoa more na habitação do Pai. A sua presença física em um templo não significa que ela esteja próxima de Deus. Você pode estar presente em todos os cultos da semana, mas, se vive em pecado, se não há arrependimento, transformação nem uma proposta de mudança, você é alguém que rompeu sua aliança com o Pai, que escolheu o pecado sem sair da igreja. Você não precisa parar de frequentar um templo para se desviar, isto é, para se afastar de Deus. Eu posso ser um pastor ou um pregador, estar superenvolvido com as coisas da igreja e, ao mesmo tempo, ser um filho pródigo.

Um homem pode cair de cabeça no pecado e se afastar em velocidade surpreendente do Pai. Não são necessários anos para que isso aconteça. A pessoa sai de um culto cheia de poder e unção, sentindo-se cheia, plena, feliz, bem, em paz, mas, na segunda-feira, resolve dar uma acessada de dez minutinhos em um *site* de pornografia. Depois repete o pecado na terça-feira e na quarta-feira. Na quinta-feira, fica meia hora. Na sexta-feira, vira a madrugada olhando pornografia. No sábado, vai orar e percebe que não sentiu nada de Deus, sua mente fica tomada por pensamentos obscenos. No domingo, não vai à igreja, porque se sente endurecida, com vergonha, com medo de orar. Na segunda-feira seguinte, começa a xingar o cônjuge. Na terça-feira, fala palavrões.

Já não lê mais a Bíblia. Não ora. No outro domingo, tal pessoa está espiritual e emocionalmente destruída.

Assim, sem que perceba, o homem se tornou um filho pródigo. Perdeu-se no meio do caminho. Rompeu com Deus, afastou-se dele, escolheu uma terra distante. Não exala mais o perfume de Cristo. E ele, que antes transmitia Jesus até com o olhar, não transmite mais nada.

*Assim, sem que perceba, o homem se tornou um filho pródigo. Perdeu-se no meio do caminho. [...] Não exala mais o perfume de Cristo. E ele, que antes transmitia Jesus até com o olhar, não transmite mais nada.*

Tal homem não atrai mais pessoas a Deus, não influencia, não faz diferença alguma. Ele se torna, aos poucos, um cara irritado, agressivo, ingrato, duro de coração, até mesmo injusto, sem unção, sem alegria, sem óleo. Certo dia, esse homem, que já foi um cristão fervoroso, passa a sofrer opressão. Os sentimentos começam a ser abalados e o coração se enche de angústia.

É possível uma pessoa nessa situação ser restaurada dos seus pecados e voltar a ter paz com Deus? Sim, é. E a parábola do filho pródigo mostra isso com clareza.

## Arrependimento verdadeiro

Diante de sua situação calamitosa, aquele homem conseguiu emprego como tratador de porcos. Faminto, chegou ao ponto de desejar comer as vagens dadas aos animais, mas nem mesmo isso ele conseguia. Até que, caindo em si, decidiu retornar para casa e pedir ao pai que o acolhesse como empregado. Assim que chegou, seu pai o viu de longe, correu até ele, o abraçou e o beijou. Foi quando o filho lhe disse: "Pai, pequei contra o céu e contra o senhor, e não sou mais digno de ser chamado seu filho. Por favor, trate-me como seu empregado" (Lc 15.11-19).

O filho perdido olhou sua situação e disse: "Não é possível. Com meu pai eu tinha tudo, até sobrava. Eu não nasci para passar o que estou passando. Meu pai me ama, eu sei disso. Algum amor por mim deve ter restado no coração dele. Vou voltar e pedir a ele que me aceite como empregado, porque a comida dos empregados na casa dele é muito melhor do que a que estou comendo agora. Vou voltar e pedir perdão". Ali, aquele homem se arrependeu.

O arrependimento brota no interior do homem, no seu coração, por ação do Espírito Santo. É quando o cara olha para os lados e cai na real, percebendo sua própria condição miserável. Não adianta querer que uma pessoa seja persuadida por constrangimento a se arrepender; isso é algo que vem da alma. Voltar para o Pai é uma decisão que tem de vir do coração, sob o toque do Espírito.

O filho pródigo se arrependeu. Sentiu um grande desejo de se reconciliar com o pai, por isso decidiu ir ao seu encontro. O verdadeiro arrependido entende que precisa se reconciliar consigo e com as pessoas que feriu. Aquele homem deve ter pensado: "Eu quero estar em paz com Deus. Vou fazer as pazes com ele, mas quero estar bem comigo mesmo. Por isso, desejo fazer as pazes com quem eu arrebentei em minha jornada de pecados".

A atitude do pai diante do retorno do filho é emocionante. "Cheio de compaixão, correu para o filho, o abraçou e o beijou" (Lc 15.20). Que maravilha é servir a um Pai que tem essa atitude! É a coisa mais fácil do mundo, mais gostosa, mais segura. Imagine como seria servir a um deus para quem, na hora em que você erra, já não serve mais? Imagine servir a um deus que considere que seus pecados o afastam dele de forma irreversível? Nada disso. Nosso Deus é um Pai de amor e misericórdia, que conhece nossa estrutura humana, sabe quais são nossas necessidades, enxerga nosso coração, olha com amor e carinho para cada um de nós e diz: "Meu filho, eu o amo, nunca deixei de amá-lo. E de longe eu o vi".

O texto bíblico deixa claro que, ao sair correndo ao encontro do filho, o pai o abraçou e o beijou, isto é, demonstrou o seu amor. O engraçado é que achamos que essa volta vai ser tensa. Se pecamos, nos arrependemos de fato e retornamos ao Pai em busca de restauração, muitas vezes cremos que seremos recebidos com cajadadas e repreensões. Acreditamos que vamos precisar dar um monte de explicações: "Deus, mas eu fiz porque... o Senhor sabe, né? A carne é fraca. O Senhor sabe qual era a condição". Mas ele só responde: "Vem, esta é sua casa, este é o seu lugar, esta é a sua família, este é o seu povo". O filho pródigo não só foi bem-vindo e bem recebido; o pai foi além:

*Nosso Deus é um Pai de amor e misericórdia, que conhece nossa estrutura humana, sabe quais são nossas necessidades, enxerga nosso coração, olha com amor e carinho para cada um de nós e diz: "Meu filho, eu o amo, nunca deixei de amá-lo. E de longe eu o vi".*

> O pai, no entanto, disse aos servos: "Depressa! Tragam a melhor roupa da casa e vistam nele. Coloquem-lhe um anel no dedo e sandálias nos pés. Matem o novilho gordo. Faremos um banquete e celebraremos, pois este meu filho estava morto e voltou à vida. Estava perdido e foi achado!". E começaram a festejar.
>
> Lucas 15.22-24

A troca da roupa do filho naturalmente era uma medida relacionada à limpeza e à estética, mas também carrega uma forte simbologia. Na Bíblia, roupas limpas significam pureza. O Pai e o Filho sempre são apresentados em sua glória celestial vestindo trajes resplandecentes. Portanto, tirar roupas sujas, velhas e rasgadas e substituí-las por roupas novas e limpas simboliza a purificação do pecado. Ao mandar trocar as vestes do filho, o pai estava mostrando que ali estava promovendo a restauração dele de todo pecado que tivesse cometido.

As consequências das transgressões daquele homem não o alcançariam mais. Claro que toda pessoa que se afasta de Deus e envereda por um caminho de pecado terá em Satanás um acusador. O diabo chega diante de Deus e começa: "Ele está com as vestes sujas; andou pecando; fez o que não devia; suas vestes estão imundas pelo pecado, contaminadas".

Mas, no momento em que o pecador tem suas vestes sujas removidas e substituídas por outras limpas e novas, não há vestígio de sua imundície passada. Com isso, Satanás não tem com que acusá-lo. Suas transgressões não são mais visíveis, tampouco as consequências delas.

Fica a lição: não adianta eu ser um bom cristão, servir a Deus no ministério e proclamar o amor de Deus se as minhas vestes estão sujas. Algo precisa acontecer. As roupas precisam estar brancas, limpas. E Deus está disposto a nos purificar e nos restaurar do pecado, mediante nosso arrependimento sincero. Como ele disse ao povo de Judá por meio do profeta Isaías:

> Lavem-se e limpem-se! Removam seus pecados de minha vista e parem de fazer o mal. Aprendam a fazer o bem e busquem a justiça. Ajudem os oprimidos, defendam a causa dos órfãos, lutem pelos direitos das viúvas. "Venham, vamos resolver este assunto", diz o SENHOR. "Embora seus pecados sejam como o escarlate, eu os tornarei brancos como a neve; embora sejam vermelhos como o carmesim, eu os tornarei brancos como a lã.
>
> Isaías 1.16-18

Ainda que eu esteja sujo, ainda que minhas vestes estejam manchadas, ainda que meu pecado seja vermelho como carmesim, se Deus me perdoar e me restaurar, minhas vestes se tornarão brancas como a lã!

## Autoridade e uma missão

Depois que o filho pródigo foi recebido pelo pai e vestido com trajes novos e limpos, recebeu um anel no dedo e sandálias nos pés. Isso simboliza que a autoridade daquele homem estava sendo restaurada. Uma das piores consequências de se afastar do Pai é ter a autoridade minada. É humilhante, constrangedor e espiritualmente perigoso. Sim, perigoso: um cristão que usou de autoridade por longo tempo contra as forças das trevas e de repente a perde está numa situação grave, pois ele provocou as forças do mal por muito tempo e agora está vulnerável, cheio de pecados.

Ao pôr o anel no dedo do filho, o pai mostra que está lhe devolvendo a autoridade perdida. A pessoa que é restaurada dos pecados volta a ter um nome respeitado nas regiões celestiais. Os anjos e os demônios o conhecem, e a sua oração produz muitas coisas, porque agora ele passa a ser um homem justo.

*A pessoa que é restaurada dos pecados volta a ter um nome respeitado nas regiões celestiais. Os anjos e os demônios o conhecem, e a sua oração produz muitas coisas, porque agora ele passa a ser um homem justo.*

Mas o filho ganha mais. Além de roupas novas e um anel no dedo, o pai manda trazer sandálias para seus pés, que simbolizam a proclamação das boas-novas de Cristo. A pessoa que é restaurada dos pecados não é só amada, bem-vinda, purificada e imbuída de autoridade, ela também recebe um chamado, um ministério: esse indivíduo tem de abrir a boca e pregar a paz que vem por meio do evangelho, das boas-novas de Jesus. Quem é restaurado de seus pecados torna-se uma testemunha viva, uma carta viva aos pecadores deste mundo. Diante dessa restauração, as pessoas vão olhar para ele e dizer: há um Deus vivo que transformou completamente esse homem!

De que valeria ser restaurada pelo Pai de seus pecados se a pessoa se esquecesse daqueles que ficaram no mesmo chiqueiro onde antes ela estava? Deus diz a seus filhos que calcem suas sandálias e retornem ao chiqueiro para falar aos que ali estão que a vagem dos porcos não se compara com aquilo que o Pai todo-poderoso tem preparado para os que forem até ele. Depois de restaurado, o filho deve usar seu testemunho de vida para proclamar a paz e o amor daquele que o restaurou.

Por fim, o texto diz ainda que o filho pródigo teve a sua alegria restaurada: "Matem o novilho gordo. Faremos um banquete e celebraremos, pois este meu filho estava morto e voltou à vida. Estava perdido e foi achado!'. E começaram a festejar" (v. 23-24). É isso que está à espera de todo aquele que for restaurado dos pecados: alegria e festa! Chega de felicidade fabricada, fingida, efêmera, passageira. Chega de alegria artificial! Deus tem alegria verdadeira, e essa será a força de todo aquele que é restaurado pelo Pai.

Você é um filho pródigo? Você quebrou a aliança com Deus e o rejeitou? Preferiu acreditar que ele não existe? Deixou-se levar por argumentos fajutos, que não preenchem a alma e não salvam ninguém? Se chegar à conclusão que, sim, você é esse filho perdido da parábola de Cristo, saiba que o Pai o está esperando com os braços abertos. Somente creia que a glória de Deus alcança a sua vida, se você abrir seu coração a ele.

## Você é filho

Jesus foi questionado pelos religiosos judeus de sua época pelo fato de estar próximo de notórios pecadores. Cristo comia com eles, gastava tempo em sua companhia, convivia com prostitutas e coletores de impostos — a ralé da sociedade de então, aos olhos dos fariseus e mestres da lei. Para explicar o seu grande amor por essas pessoas marginalizadas, Cristo contou três parábolas. Uma delas é a do filho perdido.

Um dos ensinamentos centrais dessa parábola é que somos filhos de Deus e, se nosso relacionamento com ele estiver fundamentado na verdade de sua paternidade celestial, nenhum escândalo, nenhuma perseguição ou dificuldade nos tirará da presença do Pai. Se eu entendo que meu relacionamento com Deus é de filiação, não há força, sobrenatural ou natural, capaz de me afastar da presença do meu Pai. Por piores que sejam as circunstâncias, por mais difícil que seja a situação, não há força suficiente para destruir minha condição de filho. Filho é filho e nunca vai deixar de ser! Pai é pai e nunca vai deixar de ser! Por piores que sejam as brigas e os desentendimentos entre pai e filho, seu laço de parentesco nunca desaparecerá. Existe paz no seio do pai, e um filho não pode se contentar com menos do que pode ter por seu direito de herança.

*Quando pisamos na bola, começamos a questionar não só o amor de Deus por nós, como também sua paciência e sua disposição em nos perdoar. É um grande engano acreditar que nossos erros, pecados e falhas nos destituem da filiação divina.*

Temos muita facilidade de crer na benevolência do Pai quando andamos em retidão. Mas, quando pisamos na bola, começamos a questionar não só o amor de Deus por nós, como também sua paciência e sua disposição em nos perdoar. É um grande engano acreditar que nossos erros, pecados e falhas nos destituem da filiação divina. É grande o peso que carregamos quando pecamos.

É difícil receber e sentir o perdão de Deus. Nós falamos e pregamos sobre perdão, mas, quando precisamos nos sentir perdoados, começamos a questionar se Deus desistiu de nós.

De repente, estamos murmurando coisas do tipo: "Não mereço mais, não consegui, não deu certo para mim". Com isso, acaba nossa paz com Deus.

Muitas pessoas se desviaram da fé simplesmente porque toparam com essa dificuldade e não conseguiram ir além. A tristeza que nos leva ao arrependimento é bem-vinda, pois ela é um passo necessário para a reconciliação. Mas essa tristeza é muito diferente da que sente a maioria das pessoas que falham em sua santidade, pois tais indivíduos acabam abraçando um sentimento de rejeição. Eles dizem: "Eu errei, Deus não vai me amar ou me usar mais. Ele não me quer mais. Não sirvo mais para o ministério". Mas esse sentimento de rejeição e reprovação não vem do Espírito Santo. Por isso, precisamos buscar a paz com Deus acima de qualquer sentimento interior de inferiorização ou indignidade.

Muitos cristãos que falharam em alguma área de sua vida espiritual são dominados pela ideia de que não serão perdoados porque não merecem o perdão. São tomados por sentimentos de desmerecimento. Mas quem merece? Não se trata de mérito, mas de graça. Mesmo distante e em pecado, o filho perdido sabe que tem um pai. Porém, seu sentimento de desmerecimento o leva a se colocar na posição de servo. Ele acredita que, se buscar o pai com a proposta de ser aceito como servo e não como filho, terá uma chance. E nós fazemos a mesma coisa! Como temos sofrido por nos relacionarmos com Deus apenas como servos!

É ótimo servir. Ser escravo de Jesus é maravilhoso, mas não podemos nos esquecer de que, antes de sermos servos, somos filhos. Em que parte a Bíblia diz que o amor de Deus por nós depende de meus erros ou acertos? Ele nunca vai deixar de me amar, apesar de mim! Ele nunca vai me abandonar ou rejeitar. Por quê? Porque sou filho. E você também é.

É interessante perceber que o filho da parábola desfrutava de total liberdade. No início, ele não morava com o pai por obrigação; tampouco, no fim, decidiu retornar para casa debaixo de chicotadas. Muitas vezes, você vê pessoas que estão se distanciando do Pai e, por isso, questiona: "Deus, por que o Senhor não o impediu?". Lembre-se de que Deus respeita a sua decisão, pois você é filho e não exclusivamente servo.

Deus poderia ter impedido Adão e Eva de pecar no jardim, mas não o fez. Por quê? Porque Adão e Eva eram filhos. Deus sabia de antemão o que Adão e Eva fariam, mas permitiu que pecassem porque respeitou a escolha deles. Se você decidir se afastar de Deus, é por decisão sua. Se optar por entregar-se aos desejos da carne, é sua escolha. Ninguém mais é responsável por isso, somente você.

Jesus disse: "conhecerão a verdade, e a verdade os libertará" (Jo 8.32). Obedecer a Deus não é ato de escravidão, mas de liberdade. Eu posso obedecer ou não obedecer, considerar ou desconsiderar. Eu tenho essa escolha. Não há homem na terra com poder de dizer o que eu faço ou deixo de fazer: eu escolhi levar a sério a Escritura Sagrada. É minha escolha, eu sou livre. Como sou filho, eu sou livre.

Santificação é resultado do amor, de um relacionamento verdadeiro com meu Pai. Não ande com Deus por outros motivos, ande com ele porque você o ama, porque é filho, porque quer estar com seu Pai. Você é livre. Ninguém o obriga a servir, ministério é um ato de liberdade. Eu escolhi aceitar o meu chamado e mergulhar em meu ministério.

## Filho é filho

Ter muita liberdade nos torna livres, inclusive, para errar. A Bíblia é clara: "Se afirmamos que não temos pecados, enganamos a nós mesmos e não vivemos na verdade" (1Jo 1.8). Portanto, se eu disser que não erro, que não tenho pecado, estou me autoenganando, e a verdade de Deus não está em mim. Todos erramos e dependemos da graça e do perdão de Deus. Precisamos de restauração.

O rapaz da parábola sabia que era filho e conhecia o amor do pai, mas, ainda assim, quase cedeu a uma tendência religiosa. Até que, em determinado momento, ele caiu em si, lembrou-se de que até os servos do seu pai tinham fartura, enquanto ele estava morrendo de fome. Tem horas em que cair em si é o único caminho. E, no nosso caso, "cair em nós" nos faz lembrar de que o Pai tem amor, paz, alegria, bênçãos e promessas para nossa vida. Ficamos depressivos, ansiosos, com medo do futuro, mas o Pai tem maravilhas para nós. Ele tem paz para nos dar.

*Tem horas em que cair em si é o único caminho. E, no nosso caso, "cair em nós" nos faz lembrar de que o Pai tem amor, paz, alegria, bênçãos e promessas para nossa vida.*

Os erros deformam nossa visão. As falhas distorcem nossa autoimagem e o entendimento dos princípios espirituais. Ao pecar, nossa mentalidade é afetada e as convicções se enfraquecem diante da voz da acusação. Perdemos a paz. Achamos que não somos dignos de ser chamados de filhos do nosso Pai celestial. Somos dominados por pensamentos de acusação e condenação e passamos a crer que não temos mais dignidade.

Quando pecamos, automaticamente acreditamos que Deus nos tratará com indiferença. Cremos, então, que passaremos a ser tratados pelo Pai como uma pessoa de segunda categoria. Nada disso! Deus não vai nos rebaixar da condição de filho nunca. Por mais equivocadas que tenham sido suas escolhas, por pior que tenha sido o erro, Deus nunca rebaixa um filho ao nível de escravo. Filho é filho!

É importante perceber qual foi a atitude do pai diante do reconhecimento do filho de que tinha errado. Ele o recebeu e o perdoou. Imediatamente. De coração aberto, com alegria. Não por méritos do filho, mas porque ele era um pai amoroso e bom. Há milhões de cristãos desviados simplesmente por não conseguirem entender a natureza perdoadora, misericordiosa e amável do Pai. Mais do que nunca, precisamos eliminar o legalismo e a religiosidade de nosso meio. Não é porque alguém errou que tem de continuar no erro e desistir de tudo. Errou? Reconheça, confesse, abandone e volte ao Pai como filho que é. Ele vai recebê-lo, perdoá-lo e restaurá-lo, não porque você tenha algum mérito, mas para a glória de seu nome!

Servir a Deus é um privilégio. Lidar com Deus é uma dádiva. Estar envolvido em uma missão é um presente, um dom. Se o processo de santificação se transformou em um fardo na sua vida, se já não há mais a mesma alegria, lembre-se de que você é filho. Lembre-se de que você é livre.

Tem sido difícil aceitar que Deus ama você, apesar dos seus erros? Então lembre-se de que o Pai enviou Jesus à cruz do Calvário para morrer pelos seus pecados. Por que, então, carregar esse fardo? Por que permitir essa voz que acusa e condena? Largue esse fardo! Abra seus olhos e veja que você é filho, que você é livre!

Há uma guerra nas regiões celestiais. O mesmo espírito que cegou e endureceu o coração dos religiosos e zelosos do tempo de Cristo e os afastou de Deus está hoje trabalhando com toda a força, usando todas as possibilidades, para fazer o mesmo com esta geração. O mesmo espírito de religiosidade que atingiu a espiritualidade de judeus piedosos procura espaço, hoje, para contaminar toda uma geração de cristãos, líderes ou não. E, quando nós passamos a ocultar pecados, a nos preocupar mais com a imagem, a querer aparentar algo que não estamos vivendo, damos espaço para a atuação desse espírito. Quando ele entra em ação, tem o poder de roubar o prazer e a alegria e de instilar frieza e apostasia. Ele consegue transformar uma pessoa misericordiosa em uma figura crítica, dura, sem amor, seca.

Existe em nossos dias uma preocupação enorme com o cumprimento da lei, mas falta amor, alegria, vida. Esse é um caminho de morte para um ministério, uma igreja, um cristão. Precisamos abrir os olhos e receber de Deus forças para reagir. Ele procura corações sinceros, transparentes, pessoas que amem a verdade.

*Existe em nossos dias uma preocupação enorme com o cumprimento da lei, mas falta amor, alegria, vida. Esse é um caminho de morte para um ministério, uma igreja, um cristão.*

O sistema religioso suga, pesa, oprime. Mas você não foi chamado para um sistema, foi chamado por Jesus e para Jesus. Olhe para ele apenas. Olhe para o autor e consumador da fé. Olhe para seu criador. Olhe para aquele que não poupou a própria vida por amor a você. Só esse tipo de olhar pode nos livrar da terrível arma que foi forjada contra a igreja nesta nação. Não importa como as pessoas enxerguem você, importa como Deus o enxerga. Livre-se da angústia de depender da autoimagem. Seja restaurado. Receba a paz.

Aquele que morreu para Cristo morreu para a própria imagem. Você será amado, odiado, elogiado e criticado. Isso é normal e previsível. Que isso não influencie sua vida, mas que a imagem de Cristo em você o leve a viver o que Deus lhe prometeu. Leve sua própria imagem para a cruz! Rompa com essa prisão religiosa, com esses grilhões que têm acorrentado a sua jornada com Cristo! Receba o perdão de Deus! Receba a paz! Você é livre!

## ORE COMIGO

*Pai querido e amado, eu me arrependo de meus pecados. Restaura-me, purifica-me, troca minhas vestes de pecado por roupas novas de pureza e santidade! Dá-me autoridade! Dá-me alegria e amor! Cobre-me com o sangue do Cordeiro e abençoa-me! Tira do meu coração o apego excessivo pela autoimagem. Livra-me do fermento da hipocrisia, da religiosidade. Eu preciso mais do que nunca da tua graça! Senhor, quero romper hoje com essa influência maligna na minha mente, em meus sentimentos, em minha fé, em meu ministério. Eu sou livre! Sou livre para servir-te e amar-te, para adorar-te e buscar-te todos os dias da minha vida. Eu quero sentir essa liberdade e esse amor. Quero viver a alegria de te servir porque sou filho e não por obrigação. Restaura-me, Senhor! Em nome de Jesus. Amém.*

# Sobre o autor

Rinaldo Luiz de Seixas Pereira é líder e fundador da Igreja Bola de Neve. Criou o Instituto Global de Ensino Teológico, que forma líderes, missionários e pastores. Tem como objetivo de vida conectar as próximas gerações ao coração de Deus. É casado com a pastora Denise de Seixas Pereira e é pai de Nathan, Rinaldo Neto, Raquel e Renan.

Conheça outras obras de

## Rinaldo Seixas

- Unidos pelo casamento
- Código de honra
- Maior que a tempestade
- Meu dia melhor

Veja mais em:

Compartilhe suas impressões de leitura escrevendo para:
opiniao-do-leitor@mundocristao.com.br
Acesse nosso *site*: www.mundocristao.com.br


*Equipe MC:* Maurício Zágari (editor)
Heda Lopes
Natália Custódio
*Diagramação:* Luciana Di Iorio
*Preparação:* Cristina Fernandes
*Revisão:* Rebeca Romero
*Gráfica:* Assahi
*Fonte:* Adobe Garamond Pró
*Papel:* Lux Cream 70 g/m$^2$ (miolo)
Cartão 250 g/m$^2$ (capa)